Jafeth Mariani

E DA OGGI STARAI SEMPRE MEGLIO

IPNOSI MANUALE 1

Ipnotizza il cliente
- *prima ancora di vederlo*
- *prima del colloquio*
- *durante il colloquio*

AF284934

Jafeth Mariani

E DA OGGI STARAI SEMPRE MEGLIO

IPNOSI MANUALE 1

Ipnotizza il cliente
- *prima ancora di vederlo*
- *prima del colloquio*
- *durante il colloquio*

Testi, foto e disegni originali di Jafeth Mariani

Bibliografische Information der Deutschen Nationalbibliothek:

Die Deutsche Nationalbibliothek verzeichnet diese Publikation in der Deutschen Nationalbibliografie; detaillierte bibliografische Daten sind im Internet über http://dnb.dnb.de abrufbar.

ISBN: 9783756229383

Herstellung und Verlag: BoD – Books on Demand, Norderstedt

Dedicato a:

Chi davvero vuole aiutare

Introduzione

Scrivo un libro su…

Un giorno mi sono deciso: scrivo un libro sulla mia materia preferita: l'ipnosi non-verbale!

Mentre scrivevo mi sono accorto però che era praticamente impossibile, perché per capire come funziona l'ipnosi non-verbale è necessario sapere perlomeno tutto quello che succede *prima* del momento in cui si va a ipnotizzare il cliente.

Inoltre, mi è importante non dare l'impressione che l'ipnosi sia solo una sequenza di parole o gesti bensì: **una vera e propria forma di comunicazione.**

Pazzo furioso come sono, ho deciso di espandere quindi il campo d'azione imbattendomi in questa impresa quasi impossibile: raccontare TUTTO ciò che so sull'ipnosi.

Non so se riuscirò in tale intento ma di sicuro è soprattutto **l'inizio** la parte che mi sembra impossibile omettere e cioè capire:

... cosa significa entrare in rapporto col cliente?

... e come si riesce ad arrivare al momento delle induzioni (verbali o non-verbali che siano) con molte più possibilità di poter aiutare il cliente a lasciarsi andare alla trance?

Per questo ho diviso ciò che voglio insegnarti in diversi volumi.

Benvenuto al Volume 1.

La cosa più importante

La cosa più importante che voglio trasmetterti
è questa:

**l'ipnosi per me ha un solo scopo:
aiutare le persone a stare meglio.**

Non è manipolare le persone nel senso di
costringerle a qualcosa.

Trovo davvero triste e allucinante che
guardando su Amazon se si cerca "ipnosi" si
trovano molti libri che sembrano vendere
quest'arte eccelsa come una tecnica
manipolativa.

Lo scopo di questo libro è aiutarti ad aiutare.
È far star meglio le persone.

Per fare stare meglio il cliente,

devi capire il più possibile che tipo di persona è,

devi trovare il perfetto bilanciamento fra immedesimarti nel cliente e mantenere una sana distanza,

devi trasmettere più umanità che puoi, senza che il cliente diventi dipendente da te.

Se vuoi solo imparare le tecniche, non raggiungerai mai livelli elevati.

Le tecniche di ipnosi possono essere imparate da tutti.
Fare soldi con l'ipnosi è qualcosa che può fare quasi chiunque.

Ma amare il prossimo e aiutarlo con l'ipnosi è molto di più.

I tuoi clienti si accorgono se il tuo motivo principale è farli star bene, o se è solo dimostrare a te stesso che sai ipnotizzare.

Saprai ipnotizzare, te lo assicuro, se segui le mie e altre indicazioni.

Ma se lo fai con passione e umanità saprai dare alle persone e a te stesso un regalo enorme.

Non solo induzioni

Per lavorare con l'ipnosi, non basta sapere cosa dire, non basta sapere dove toccare quel punto della testa, non basta sapere come guardare. E non si può credere che se la persona va in trance, di conseguenza, allora ha risolto tutti i suoi problemi.

Non basta cioè sapere come indurre una induzione, bensì devi:

Capire la persona e sapere costruire fiducia e rapporto, affinché essa possa sentirsi a casa sua (o, se vogliamo, addirittura in una casa migliore della sua...) e affinché possa seguire le tue suggestioni e possa ritrovare fiducia nelle proprie risorse per poter spostarsi dal problema alla soluzione.

In questo libro mi concentro su:

- capire l'ipnosi

- cosa puoi fare per ipnotizzare il cliente già prima che entri nel tuo studio

- e poi, una volta nel tuo studio, cosa puoi fare per pre-ipnotizzare il cliente prima di iniziare il colloquio (osservare il cliente e capire che tipo di persona è, come andrà in trance eccetera)

- e nel colloquio, come puoi già preparare il cliente bene alla trance in modo che sia il più disponibile possibile al lavoro che vuoi fare con lui.

L'ipnosi

L'ipnosi non funziona con me

I miei clienti, prima di venire da me, o quando già siedono nel mio studio, spesso mi dicono che non sono sicuri se l'ipnosi funzioni per loro.

Allora io cerco di spiegare con uno o più esempi: hai mai guidato l'automobile dal punto A al punto B, pensando a qualcosa d'altro... e non ricordi ogni cosa vista in strada?

Hai mai pianto o sei mai stato triste o spaventato vedendo una scena di un film... pur sapendo che non fosse altro che finzione?

Non ti è mai successo di essere sicuro che il tuo partner sia un essere impossibile, quasi di odiarlo... e cinque minuti dopo, sentendo una canzone in radio... avresti fatto di tutto per riabbracciarlo?

Se fumi, non senti quella voce in te che dice: devi fumare?

L'ipnosi è tutti i giorni qui, nella nostra vita.

Qualcuno disse che: *tutto è ipnosi*.

Usiamo questa capacità di perderci o di concentrarci in qualcosa... nel bene e nel male... magari mentre si fanno altre cose in automatico...

... lo facciamo tutti.

Positivo può essere quando ci immedesimiamo in un film e godiamo le emozioni come se fossero reali...

... ma spesso in modo poco salutare - per esempio... con il fumo... se ascoltiamo quella vocina nella nostra testa.

Può aiutarmi?

Spesso ti chiederanno i clienti: mi può aiutare con l'ipnosi a stare meglio?

Come terapeuta, questa domanda non posso risponderla al telefono.

Quando si parla di ipnosi, tanti hanno in testa la falsa idea del "cattivo" ipnotizzatore che IMPONE al cliente di andare in trance, cadere a terra e fare tutto quello che gli viene detto.

Altri hanno in testa la falsa idea del "magico" ipnotizzatore che IMPONE al cliente di stare meglio, e allora funziona.

Io spiego al cliente, che ho aiutato migliaia di persone, ma... "questa domanda posso risponderla solo conoscendoti, aprendomi al tuo mondo, cercando di capire chi sei e di cosa hai bisogno. Immedesimandomi nel tuo dolore e mantenendo una distanza allo stesso tempo necessaria per poter avere una visione più neutra..."

Lavorare con l'ipnosi seriamente vuol dire avere molta passione, molta cautela, molto coraggio sia da parte mia sia da parte del cliente. Vuol dire molto... e ancora di più.

Fai insomma capire al cliente: "l'ipnosi ti potrà aiutare, solo se, come cliente, decidi di utilizzare questa tua capacità di concentrarti / lasciarti andare per farti del bene...

... e se decidi che io sono la persona adatta ad accompagnarti in questo percorso."

Non sono io a guarire il cliente, non è l'ipnosi nel senso di una cosa esterna che "entra" nel cliente e lo salva, come una pillola contro il mal di testa.

Bensì è l'ipnosi nel senso di: un qualcosa che aiuta il cliente a scoprire, ritrovare le proprie risorse, la sua "guarigione" interna.

Io sono una specie di guida e di esploratore allo stesso tempo. Guido il cliente verso il centro di sé stesso, dove poi più o meno noi due *insieme* (soprattutto il cliente, nel migliore dei casi) troviamo soluzioni.

Lo so che spiegare queste cose al cliente può sconcertare. Il cliente può pensare: oh no, devo fare chissà che cosa. "... ma allora l'ipnosi non è una magia?... che mi salva senza che io muova un dito?!"

Tranquillizza il cliente dicendo: "...con questo non voglio dire che tu durante la seduta debba per forza "lavorare" o fare chissà cosa...: molti vanno in trance e semplicemente si rendono conto che il problema è risolto – o che il problema è diminuito – e nei giorni successivi il tuo subconscio continua ad aiutarli fino a che è risolto".

Questo lo dico con certezza perché per molti, già il poter chiudere gli occhi e sentire che uno ti dice: "Ora non devi fare niente di speciale, non devi essere meglio di quello che sei o superare un esame: sei abbastanza come sei, semplicemente scendendo in profondità e scoprendo quanto sia bello già solo il fatto che: *SEI VIVO, SEI LIBERO...* " ... è già di per sé una esperienza incredibile – davvero come una magia... - se la si paragona a questo mondo di tutti i giorni dove gli uomini devono sempre essere forti e risoluti e le donne vengono spesso ridotte al corpo e ai loro "doveri".

Per questo dico sempre nei miei corsi: è vero che soprattutto ho clienti femmine, ma quando gli uomini vengono da me, spesso sono molto disponibili a collaborare e sono stupefatti da quante pace interna sentano durante e dopo l'ipnosi.

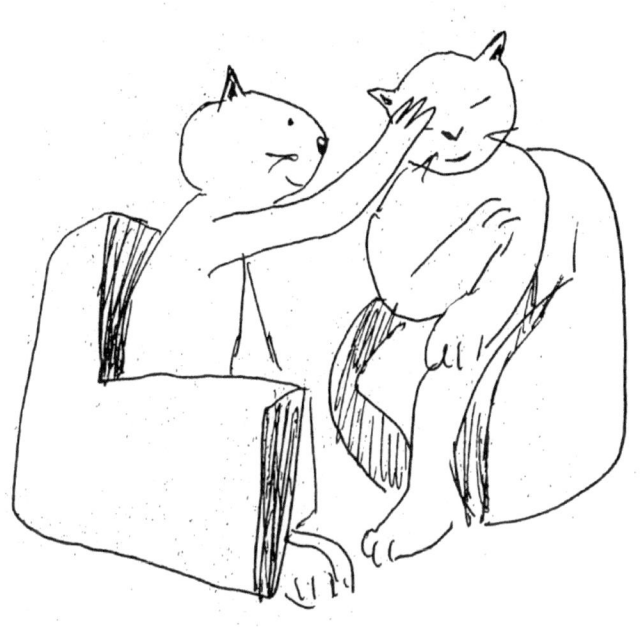

Siamo tutti suggestionabili

Partiamo dall'inizio: bisogna capire che tutti noi siamo suggestionabili – tipico esempio è la pubblicità o quello che abbiamo imparato dai nostri genitori o altre persone.

Osserva ogni tua decisione quotidiana e chiediti sinceramente: dove o quando e perché hai deciso di vivere così?

Perché bevi il caffè, o il tè, o mangi un uovo o la brioche al mattino, o perché fumi?
Chi leggeva libri nella tua infanzia? Chi stava seduto o sdraiato come stai tu ora, nel leggere un libro?

Ogni cosa che facciamo l'abbiamo imparata.
Vista da qualcuno e imparata.

Cioè persone/situazioni ci hanno suggerito
che vivere in un modo o nell'altro sia giusto
per noi.

Pensare in una direzione, votare quel
candidato, decidersi per quel prodotto,
credere in quella religione... tutto è, se
guardiamo bene, manipolabile.

Lo sanno bene i politici, i giganti della
pubblicità e i creatori di fake news.

Ci viene suggerito che al supermercato i
prodotti che sono alla nostra altezza sono
quelli migliori per noi. Se vogliamo spendere
qualcosa in più guardiamo in alto. Se
cerchiamo di risparmiare guardiamo in basso,
ma che scomodo!
Invece i biscotti li mettono in basso, così che i
bambini li possono vedere bene.
Sì, alla fine scegliamo noi, ma sempre
riferendoci a suggestioni che ci sono state date
precedentemente.

L'ipnosi contro l'ipnosi

Generalmente, la maggior parte dei clienti viene proprio per liberarsi dalle manipolazioni del passato: dalle proprie negative abitudini, dai preconcetti, dai condizionamenti ricevuti.

Vuole capire: chi sono? Di cosa ho bisogno davvero? Come posso migliorare, o cambiare?

Persone molto suggestionabili sono generalmente persone che davvero hanno voglia o bisogno di liberarsi di pesi inutili che si porta dietro da tempo.

Se tu dai loro l'impressione di volerli manipolare per altri scopi, non si lasceranno ipnotizzare o non verranno più.

Ovviamente questo vale solo se vengono da te come clienti nel tuo studio: se vengono a uno show di ipnosi comica vogliono essere guidati e pilotati in qualcosa di leggero e divertente, e

questo è quello che si aspettano da te e se sei
bravo, collaborano.

C'è chi è più suggestionabile

Su dieci persone, ci sono poi una o due che sono MOLTO suggestionabili. Questo non vuol dire che siano "meno intelligenti", come alcuni credono. Anzi, è più una risorsa: il potersi aprire al proprio subconscio, il lasciarsi andare, scoprire nuove strade prima inimmaginabili.

Non ha nulla a che vedere con gli studi, l'intelligenza, gli studi e il lavoro...

Bensì sono molti i fattori che provocano la suggestionabilità di una persona: cosa ha vissuto, cosa crede, cosa si aspetta, quanto soffre, quanto ha bisogno di lasciarsi andare...

È vero che la FIDUCIA nell'ipnotizzatore è la cosa più importante.

Ma attenzione: FIDUCIA non per forza deve essere sempre intesa come:

mi fido CIECAMENTE di te!

Come nella vita di tutti i giorni: a volte basta un attimo, una azione, una parola per rovinare mesi o anni in una relazione, per perdere la fiducia in una persona.

Quante volte ti è capitato di dire: non me lo sarei aspettato da quella persona.

Allo stesso modo, la fiducia che un cliente pone in te, deve essere salvaguardata dall'inizio alla fine della seduta.

La persona traumatizzata o impaurita

A volte mi arrivano dei clienti che vorrebbero vivere l'ipnosi, ma avendo vissuto episodi traumatici, fanno fatica a lasciarsi andare.

Ma altri clienti – pur avendo vissuto esperienze traumatiche, pensano: MI FIDO che questo sconosciuto sappia ipnotizzare, e si lasciano andare alla trance.

Per altri invece il conflitto fra:

1) mi fido che sappia fare il suo lavoro
2) ma non posso fidarmi di nessuno

provoca una tensione e paura dell'ipnosi altissima ("chissà cosa mi succede e chissà se posso fidarmi ... oddio sto cadere in trance?") e quindi, non appena gli si chiede di chiudere gli occhi, il soggetto cade in trance.

È come se il cervello dicesse: basta, la tensione era troppo alta, ora mollo ogni pensiero logico.

Per alcuni questa trance è rilassante, per altri è così che:

crollano in trance, ma non sono tranquilli, tutte le loro paure (nate da traumi passati) ora sono libere di ossessionarli e salgono dal subconscio provocando in loro immagini e emozioni di solito nascoste nel profondo della loro anima.

Bisogna quindi essere molto chiari su questo: se la persona va molto in trance NON VUOL DIRE che:

1) Sia per merito tuo
2) stia per forza bene
3) sia per forza disponibile a seguirti.

Non sempre la persona traumatizzata dice subito di esserlo – spesso, neppure sa di esserlo (l'ha "dimenticato").

Quindi non sai chi hai di fronte e se va in una trance profonda, devi sempre mettere da parte il tuo ego di ipnotista che ti dice „Sono un mostro dell'ipnosi ".

Devi sempre chiederti (e chiedere al cliente):

Come sta davvero il cliente?

Io "interrompo" circa 10 volte a seduta la trance chiedendo: come stai? Tutto ok? Cosa provi? Apri gli occhi un attimo: tutto bene?

(Generalmente, ogni interruzione può portare a una trance più profonda, perché il cliente non vede l'ora di tornare nello stato – generalmente piacevole – della trance.)

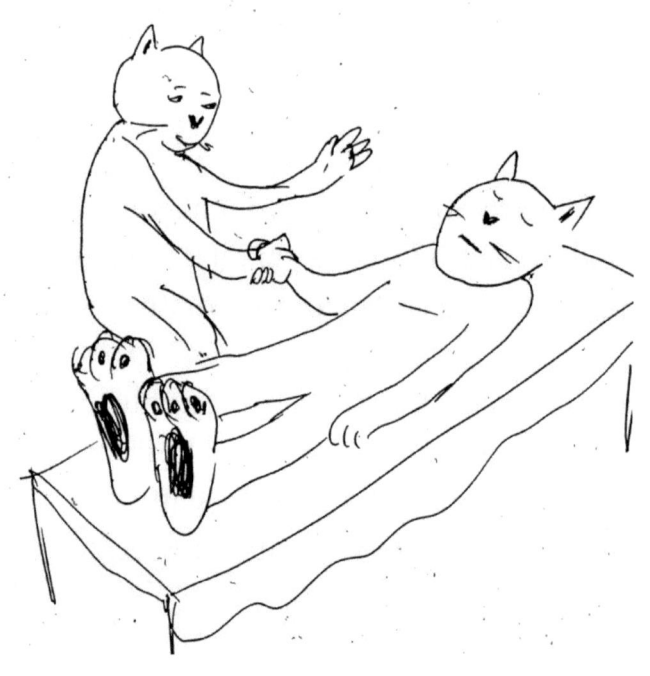

E quelli che non vanno in trance

Ci sono anche clienti che assolutamente non vogliono o non possono andare in trance.

O perlomeno: non in quel tipo di trance che ci si aspetta immaginando l'ipnosi.

Non importa, se hanno pagato la sessione in anticipo e se hanno davvero grossi problemi da risolvere.

Anche qui, i motivi possono essere tanti e "i blocchi" possono presentarsi in modo diverso: chi non vuole lasciare chiusi gli occhi, chi li riapre sempre, chi dice "non funziona" ...

(Qui vorrei però ricordare che non per forza l'ipnosi deve avvenire con gli occhi chiusi. Nel colloquio, si può ipnotizzare con gli occhi aperti. Questo tipo di ipnosi viene chiamata ipnosi conversazionale. In realtà ogni conversazione è

ipnotica, nel senso che tende a portarci da qualche parte, generalmente però nella vita di tutti i giorni avviene in modo inconscio. Ad esempio, se racconti cosa ti è successo ieri a una amica, cerchi di farle "sentire" le tue emozioni del giorno prima. Se invece cerchi di convincere il tuo capo che devi stare a casa da lavoro perché sei malato, stai intenzionalmente cercando di portarlo dalla tua parte.

Ogni foto su Instagram è il tentativo di vendere una immagine o uno stato emozionale o un prodotto.

Se lavoriamo con l'ipnosi in studio ogni colloquio prima della fase di trance tenderà sempre a preparare il cliente alla trance e se funziona bene, a portarlo già in trance durante il colloquio.)

Per esperienza posso dirti, che circa due persone su dieci ha grossi problemi ad accettare la trance. Sono nella trance di non-trance. Come il bambino che dice di no a ogni nuovo tipo di cibo perché è nella trance di "mi piace solo quello che conosco".

C'è anche chi va in trance, e tu lo vedi e ognuno lo direbbe guardandolo dal di fuori. Ma il cliente dice: non ero in trance.

La sua aspettativa di trance potrebbe essere sbagliata, crede di poter dire di essere in trance solo se si sente come se fosse in una specie di coma.

Per scherzo dico sempre nei miei corsi:

... neanche se tu fossi il Chuck Norris dell'ipnosi potresti ipnotizzare colui che davvero blocca.

Difficile ipnotizzare?

Queste cose te le dico non per spaventarti ("Oddio, ma è davvero difficile ipnotizzare!") ma per ricordarti che: aldilà delle tecniche di ipnosi dipende molto ma molto dal cliente, se vuole e se è predisposto ad andare in trance.

Questo vuol dire che:

- puoi smetterla di preoccupati "se funziona"

- trasmetti solo una cosa al cliente: ti stai curando di lui.

- Non dare al cliente la strana sensazione che dovrebbe andare più in trance

- Dai al cliente la sensazione che: qualunque sia la sua reazione, "io sono qui per capirti e accettarti esattamente così come sei e ogni tua reazione VA

BENE. Io voglio solo capirti per capire meglio come posso aiutare o come puoi aiutare te stesso da solo (ancora meglio)".

- Se il cliente si sente in buone mani, aldilà della profondità della trance si sentirà "capito" e "voluto bene" e ogni seduta successiva andrà sempre meglio. Ma anche se non tornasse più per motivi vari, parlerà solo bene di te.

Lo scopo dell'ipnosi non è: ipnotizzare

Se lavori come terapeuta il tuo scopo finale nell'utilizzare l'ipnosi non è ipnotizzare, bensì è aiutare la persona a stare meglio, a capire meglio sé stesso, a riscoprire le proprie risorse.

Quindi, **se la persona blocca, vuol dire che questo è il nodo da capire** – da sciogliere, o magari basta a volte anche solo accettare: qui ho un blocco e ci sono probabilmente motivi precisi per questo blocco.

Non sai quanti clienti che hanno incominciato a piangere, a lasciarsi andare e a liberarsi solo perché ho detto loro: "a me va bene se non puoi lasciarti andare, io non mi aspetto che tu sia "meglio" o "di più" ... di quello che puoi o sei. Che si mostri quello che deve mostrarsi... avrai i tuoi motivi (aldilà che tu ne sia consapevole o no) per reagire come reagisci. "

O quante sedute sono state estremamente positive proprio perché ho semplicemente detto: "Non ho problemi se dentro di te qualcosa cerca di controllare... probabilmente è stato necessario nel passato, dover controllare..." – anche qui parecchi clienti incominciano a piangere e a dire "...si ... quando ero bambino dovevo sempre stare attento che..."

Il cliente vuole alla fine soprattutto solo una cosa:

essere accettato e non avere l'impressione di essere sbagliato o essere colpevole di qualcosa.

Immagina di essere un dentista e trovarti di fronte a un cliente che ha paura e quindi non apre bene la bocca. Non aiuta di certo dire al cliente: "Ma allora, la apre questa bocca? Così non posso lavorare!".

Magari la apre ma non torna più.

Altrimenti si deve cercare un altro lavoro.

Io facevo sedute da un'ora quando ho iniziato, oggi le mie sedute durano tre ore. Mi prendo il tempo.

Con questo non sto dicendo che tutti debbano lavorare come me. Troverai per te la cornice perfetta per le tue sedute e per i tuoi clienti.

Non fraintendermi

Quando dico di trattare con umanità i clienti, non vuol dire che bisogna accettare tutti e tutto. **Attento a rispettare e a far rispettare i tuoi propri bisogni e i tuoi limiti!**

Se hai a che fare con un cliente altamente tossico, non devi subire.

Il rispetto per sé stessi è una delle dimensioni più importanti del lavoro con l'ipnosi. Si imparano continuamente lezioni.

I tuoi clienti a volte ti porteranno ai limiti della sopportazione e qui devi essere pronto a prendere decisioni drastiche o a fare compromessi nei quali ti devi sentire bene.

Ho avuto clienti gentili, ma che ho dovuto abbandonare perché inconsciamente hanno visto in me una famiglia, un punto di riferimento senza il quale non possono stare un giorno, che non mi lasciavano in pace, che si trasformavano in veri e propri stalker nonostante ogni mio tentativo di chiarimento.

O altri, che già venivano con l'idea che comunque non li avrei aiutati "sono qui, ma SO CON CERTEZZA che neppure lei potrà aiutarmi" ... ma allo stesso tempo non volevano mollarmi... e che poi alla fine hanno preteso di riavere il loro denaro...

O altri, che cercavano in ogni situazione di "rubarmi" più tempo, più dedizione, più tutto... per lo stesso denaro...

O altri, che mi minacciavano, che si sarebbero ammazzati o feriti se non mi occupavo di loro come desiderato...

Tutte situazioni di *confini non rispettati* che sono sempre stati tema nella mia vita.

Anche tu, se lavori tutti i giorni come terapeuta, verrai prima o poi confrontato con i temi che ti accompagnano da sempre. Devi stare attento e cauto, severo e gentile con te stesso.

Ipnotizzare ancor prima della prima seduta

La fiducia deve già nascere da casa

Più si riesce a dare al cliente un senso di fiducia sin da casa, cioè da ancor prima che scelga di comprare una o più sedute, meglio è.

Io ho creato una rete di:

- Video di ipnosi gratis a tema: ipnosi per dormire, ipnosi per dimagrire eccetera.

- Video e blogs dove spiego come funziona l'ipnosi e dove mostro come lavoro, come e perché insegno l'ipnosi.

- Ho anche qualche video privato per dare la prova che sono una persona come te, con i miei alti e bassi, questo ispira fiducia.

- Feedback – uso diverse pagine di raccoglimenti di feedback, di valutazioni, recensioni...

- Ho scritto libri, ho creato audio da scaricare e scrivo sul mio Blog, e quasi giornalmente sui social media.

- Ho creato corsi di ipnosi online...

- E spiego l'ipnosi in corsi dal vivo.

Insomma, quando il cliente viene da me, ha spesso già sentito parlare di me (passaparola) o ha letto delle recensioni o spesso viene e mi dice: "da anni vado a letto con te..." e ride e poi spiega: "nel senso che ascolto la tua voce per addormentarmi e ho deciso, anche se abito lontanissimo, di venire a fare una sessione dal vivo (o fare un corso di ipnosi)".

Nella seduta: ipnotizzare prima del colloquio

La stanza

Altri ipnotisti possono pensarla in un altro modo, secondo me invece è importante avere alcuni elementi nella stanza dove ipnotizzerai, che rimandino sempre al subconscio, cioè che sin da subito "provochino" una emozione.

Come quando entri nella sala del cinema e le luci sono soffuse, o vai al concerto e senti la musica in sottofondo che ti prepara al momento in cui il tuo gruppo musicale preferito arriverà fra poco sul palco.

Ognuno può vederla come vuole e organizzarlo a modo suo, nel mio caso:

ho **la finestra** che lascia entrare la luce del giorno, ma non completamente. La tapparella è mezza giù in modo da avere un ambiente più rilassato e non troppo luminoso.

Ho le mie **carte da visita** sul tavolino che sta fra me e il cliente, sulle quali si legge grande la parola IPNOSI (in vista per il cliente).

Ho **un sasso dipinto a mano** dalla mia ragazza con la scritta IMAGINE.

Ho un **bicchiere d'acqua** per il cliente.

Ho dei **fazzoletti di carta** da poter estrarre facilmente dal box, in caso di lacrime.

Ho un paio di **candele finte** (per evitare problemi e odori/profumi) ma molto realistiche che dà un po' di luce in mezzo al tavolo.

Ho una **piccola lampada accesa** in fondo alla stanza sul tavolo dove ho anche il computer.

Non accendo la **musica al computer** se non al momento in cui annuncio (durante o dopo il colloquio): *ora partirei con l'ipnosi, va bene per te?*

La musica, dopo tanti tentativi con musiche trovate in giro, l'ho creata io e puoi trovarla gratis qui (puoi usarla senza problemi di diritto d'autore):

https://www.hypnosis-institute-mariani.com/p/the-music-i-made-for-hypnosis-sessions

È una musica che si ripete continuamente ma con minimi cambiamenti importanti. Per dare delle sfumature a quello che sta succedendo nella seduta.

Ho **cuscini morbidi** dappertutto.

Ho **4 coperte bianche** per coprire il cliente se ha freddo durante l'ipnosi.

Uso per il cliente **un divano**, invece che una poltrona. A seconda di come siede, posso dedurre se andrà più o meno in trance, te lo spiego meglio più tardi.

Poi il cliente può scegliere (dopo il colloquio e dopo una induzione iniziale) se cambiare e sedersi sulla **sedia/sdraio** o se mettersi sdraiato sul **lettino per massaggi** con diverse coperte bianche e cuscini morbidi.

Ho dei **quadri con simboli**: farfalle, un paesaggio giapponese, un quadro con mongolfiere nel cielo di Parigi. Si deve un po' sognare.

Il tutto in **colori bianco e verde**.

Ovviamente potrei immaginarmi anche una stanza completamente diversa.

Ma è tanto per darvi un'idea. Questi elementi possono essere utili.

Ipnotizzare dal primo istante

Come già spiegato, il cliente viene di solito perché ha sentito parlare di te, ha visto dei video, o letto dei feedback…. Insomma, è già in una certa "trance".

Ci sono ovviamente anche clienti che semplicemente ti hanno scelto per altri motivi: sei vicino a casa loro, hai un buon parcheggio, hai un prezzo accessibile o altro.

Aldilà se entra un cliente che ha già una certa disponibilità a entrare in trance, devi SEMPRE "ipnotizzare" sin dall'inizio della seduta.

Questo non vuol dire che appena entrano li guardi come se tu fossi il Mago Merlino, ma ci devono già essere degli elementi e delle situazioni "ipnotizzanti" e poi bisogna basare il colloquio in un certo modo, che ti spiegherò passo per passo in un altro volume.

Perché ho messo la parola *ipnotizzare* fra virgolette?

Perché:

1) Non si ipnotizza nessuno senza il suo permesso!!!

2) Pre-ipnotizzare significa semplicemente aiutare il cliente alla seduta senza forzare e senza dover spiegare troppo cose che si potrebbero solo spiegare in un corso o in libro (cos'è l'ipnosi, come funziona eccetera)

3) Pre-ipnotizzare significa comunicare in modo tale da aiutare il cliente a sentirsi subito a suo agio o che comunque incominci a lasciare alle spalle una visione logica delle cose per entrare in

una zona più emozionale/subconscia *(nella logica tutti sanno che fumare è qualcosa che fa male - questo non è abbastanza per smettere - invece in una dimensione profonda emozionale/subconscia il cliente si rende conto di non volere assolutamente rimanere schiavo del fumo).*

4) Significa raccogliere informazioni sul problema e sul cliente nel modo più aperto possibile.

Ora ti spiego come fare, cosa osservare.

La prima impressione

Prima ancora di entrare nel colloquio – già dalla prima impressione puoi immaginare che tipo di persona hai davanti a te e questo può aiutarti dopo, quando utilizzerai le parole nel colloquio e per aiutare il cliente durante la trance.

Ad esempio:

Una certa aura

Che cosa irradia la persona?
Sembra triste, chino, cupo... o fiducioso...

(Importante: osservare, non GIUDICARE!)

Accettare senza parole il suo dolore/tristezza/umore, mostrare molta attenzione e disponibilità. Mentre stiamo

seduti, ci chiniamo verso di lui come se
volessimo capirlo meglio.

Auto o bici?

Mentre vi sedete e chiedete le solite cose da
small talk iniziale tipo "Benvenuto, ha trovato
facilmente lo studio?" ... magari riesci a sapere
se è venuto in bicicletta, a piedi, in macchina,
in metropolitana...
Questo può aiutarti a capire se è una persona
che ci tiene al movimento, ... se viene da
lontano ti fa capire quanto gli sia
probabilmente importante essere da te...
quanto voglia risolvere i problemi...

"Ho fatto un viaggio di 5 ore..."
"Ho deciso di prendermi la giornata libera
oggi..."

.. sono frasi che dimostrano quanto la seduta
sia importante per il cliente.

Una volta avuta l'informazione, qui
semplicemente immaginarsi il cliente in bici, o
in auto, o in metropolitana – la nostra
immaginazione ci porta in una dimensione
emozionale che il cliente può avvertire. Io qui
mi immagino il cliente ritornare a casa, ma
con uno sguardo libero e felice dopo la seduta,
cioè come vorrei che si sentisse.
Importante qui segnare su un foglio la nota
"Sport +" per esempio, se il cliente è sportivo, per
ricordarci che lo sport/essere dinamici è una
risorsa che potrebbe essere utile per il cliente, che
possiamo usare mentre gli raccontiamo come
risolvere i suoi problemi durante l'ipnosi.

Il cliente è venuto da solo?

O per esempio con la madre, fidanzata o
moglie?

Questo può dire molto sulla condizione di
salute mentale ma anche corporea del cliente.

Se una cliente ha gravi giramenti di testa magari si fa accompagnare.

Attenzione se una persona **adulta** viene accompagnata da un genitore: per esperienza posso dirvi che: o il genitore ha il controllo assoluto sul figlio oppure il figlio (ripeto: **adulto**) ha gravi problemi mentali psicotici dove l'ipnosi è meglio non usarla! Qui dovete poi nel colloquio fare domande precise su diagnosi del passato, capire se il cliente è già stato in terapia e per cosa.

Può anche essere che la ragazza viene con una amica perché non si fida al 100% dell'ipnotizzatore.

O la madre o il marito vogliono essere a tutti i costi con il figlio, forse perché sono preoccupatissimi per la sua salute - o forse perché non si fidano dell'ipnosi.

Qui ci sono parecchie cose che si possono già scoprire da questi dettagli.

L'accompagnatore sta aspettando in sala d'attesa o vuole per forza restare a guardare tutto il tempo cosa facciamo?

Ti sembra che il cliente possa dire "lasciami solo con l'ipnotizzatore" o ti sembra che il cliente sia preoccupato di non infastidire l'accompagnatore?

*In alcuni casi ho detto di non poter lavorare con una persona che osserva, se mi è sembrato che ostacolasse il flusso di energie e di libertà del cliente. Nominare il "flusso di energie e libertà" in modo che il cliente immagini un tale flusso. Ma altre volte ho detto che va bene, se al cliente la presenza di una amica aiuta a "lasciarsi andare" – quindi il cliente, sentendo ciò, decide COME essere **più rilassato** - da solo o accompagnato? ...rilassato sarà comunque... (lo diamo per scontato insomma).*

Questa tecnica si chiama Double Bind e viene usata da venditori, per esempio, quando chiedono: "sarebbe più portato verso la lavatrice grande o quella piccola?" – cioè dando per scontato che comunque il cliente una lavatrice la comprerà... e dando al cliente solo l'opzione di scegliere quale.

Apparenze

Come vuole apparire la persona e ti sembra che sia congruo con quello che dice?
Esempio vestito sportivo, attivo ma racconta di essere depresso?
Dice di essere una persona libera ma veste da "brava persona"? (spesso un conflitto fra il "voler essere" liberi e l'educazione ricevuta, esempio mi è capitato un cliente che ha avuto un padre narcisista e vorrebbe essere completamente diverso, mostrarsi il meno autoritario possibile ma i suoi vestiti tendono a essere classici, come una cornice per darsi un

certo tono/sicurezza, non mostrano quel rilassamento / libertà desiderati...)
C'è insomma congruenza tra il mostrare e il parlare? OSSERVARE, non GIUDICARE!

Spesso se i vestiti o l'apparenza sono estreme (punk, tatuaggi) poi ci si rende conto nel colloquio che le persone hanno avuto parecchie lotte per liberarsi dalla famiglia o dagli ideali ricevuti ma questo non vuol dire che essi siano solo "ribelli", alcuni anzi poi sono proprio il contrario.

Immaginarsi qui il percorso vissuto della persona, da un estremo all'altro. Eventualmente poi nel colloquio porre domande tipo: "se dico la parola "ribelle" cosa provi nel sentirla?"

Simboli

Un ciondolo come una croce o un Buddha - indica valori spirituali o superstizione o è semplicemente un elemento decorativo? Qui sempre chiedersi, mai giudicare - vogliamo solo cercare di capire meglio la persona. Se una persona crede in qualcosa, potrebbe essere di aiuto nell'ipnosi e si potrebbe utilizzare questo elemento nelle suggestioni che si dicono al cliente.

Stretta di mano

Non per forza la stretta di mano nel senso che se la da forte e stretta allora è una persona forte. Bisogna piuttosto vedere se dà la mano e per esempio la toglie subito o rimane qualche secondo – come se già fosse ipnotizzato...

Dai la mano, poi allenti la stretta ma senza toglierla del tutto e aspettare che la persona la tolga, questo ovviamente solo per un secondo massimo due, non deve far pensare alla persona che sei strano...

Ti sembra, aldilà dei problemi del cliente, che egli ti stia sorridendo in senso amichevole, disponibile?
Cioè senti una certa vicinanza o distanza col cliente anche se non lo conosci? È una persona con la quale vai subito d'accordo già per come si rivolge a te?

Dare tu stesso l'impressione al cliente di essere sì professionista ma allo stesso tempo come "amici da sempre" proprio immaginandoti come ti comporteresti con una persona che rispetti /conosci da tempo. Io direi comunque che **RISPETTO** *è la parola più importante. La persona non deve sentirsi "amicona" ma RISPETTATA.*
Se fai fatica a trovare qualcosa che ti accomuna con la persona, cerca un dettaglio che ti piace nel suo modo di vestire, o qualcosa che ti ricordi una persona a te cara... per esempio ho avuto un signore che davvero parlava

ininterrottamente, cosa che mi dava
abbastanza fastidio, e per sentirmi vicino a lui
mi sono detto che mi ricordava un mio vecchio
amico purtroppo morto durante la pandemia,
anche lui tendeva a parlare a lungo, però gli
volevo un gran bene.

Contatto con gli occhi

Cerca subito il tuo sguardo o guarda altrove?
Ti guarda con speranza? Se guarda altrove può
significare che non ha molta voglia di essere
qui ma potrebbe anche essere che ha vissuto
esperienze traumatiche e fa fatica a guardare
negli occhi, oppure perché tende, nel
raccontare, a "cercare" i ricordi come se
fossero intorno a lui e quindi dimostra una
certa comunicazione più basata sulla memoria
e sulle immagini.

Cerca il contatto con gli occhi ma non
guardarlo diretto negli occhi bensì FRA gli
occhi (cosiddetto terzo occhio o all'inizio

dell'osso nasale fra gli occhi) – non farlo a lungo e troppo intensivo, fallo come se niente fosse.
Alternativamente ogni tanto fissa un oggetto dietro la testa sempre tenendo gli occhi del cliente in vista.

Il colore della pelle

Non intendo ovviamente nulla di razzista, intendo dire di guardare se ha una pelle che sembra in buona saluta, ha ferite, è abbronzato da lampada, è bianco come uno che non vede mai il sole...

Farsi una idea sulla salute del cliente, e sul come vuole apparire...

Quando offro l'acqua guardo: vuole bere o no? Qualcuno ha paura che io abbia messo qualcosa nell'acqua. Altri hanno paura di dover andare in bagno troppo spesso durante l'ipnosi.

Generalmente chi beve molto tende a parlare di più ma anche ad andare meglio in trance.

O è una persona che ha portato una bottiglia d'acqua (pensa a sé stessa, si tratta bene) ...

o addirittura si è preparata uno "smoothie", o si è comprata un caffè e lo beve davanti a te?

Generalmente, chi ha troppo preparato la seduta in modo da sentirsi a suo agio potrebbe andare meno in trance. Ha dei preconcetti di come debba andare la seduta o cerca di controllare il più possibile.

In questi casi chiarire nel colloquio meglio cos'è l'ipnosi.

Ma è anche un segnale che la persona si occupa di se stessa, della sua salute.

Rimane seduto con la giacca e la sciarpa?
Sembra non intenzionato a rimanere, o ad
avere troppo paura.

*Qui, per arrivare a un buon risultato, bisogna
lavorare molto prima nel colloquio (spiegare
bene cos'è l'ipnosi, chiedere quali paure ha il
cliente, fino a che il cliente si rilassa e toglie la
giacca).*

Ha un pezzo di carta o blocco note con una
lista di cose che vuole dirti, o parla spontanea?

O ha addirittura un diario o un calendario con
un elenco di argomenti ben segnati sulla

giornata giusta (per esempio sul 4 aprile "Seduta di ipnosi")?

Generalmente questi sono indizi che la persona tende a controllare e a non lasciarsi andare subito.

Attenzione però, può anche essere vero il contrario e cioè che una persona molto controllata si lasci poi proprio andare nell'ipnosi perché ne ha assolutamente bisogno. E comunque un segnale che indica che la persona è ordinata, ha una certa cura di sé.

Cosa provi?

Cosa provi, guardando il cliente, ascoltando le sue parole, immedesimandoti? Provoca in te tristezza, ansia, voglia di vivere, desideri?

Cerca di raggiungere questi elementi in te, per connetterti. Ricordati cose vissute che ti hanno fatto sentire così. Chiediti, nel caso di elementi negativi, cosa ti ha aiutato nella tua vita a superarli.

Per esempio, se sento in me una certa paura di fallire ("con questo cliente non so come fare") forse il cliente provoca in me ansia di prestazione ... mi ricordo le mie paure durante certi esami e mi ricordo che mi ha aiutato parlare con un coach della mia infanzia, cosa mi faceva paura da bambino e come le ho risolte. Mi rilasso e trasmetto rilassamento con il corpo se mi accorgo che ero teso, per esempio riaprendo le gambe se erano contratte o riaprendo le mani se erano chiuse...

A cosa serve tutto ciò?

Tutto ciò che ti ho scritto ti serve a scoprire se ci sono per te dei segnali che possono aiutarti a capire i clienti da subito – di cosa hanno bisogno per rilassarsi? A cosa credono? Di cosa hanno paura?

E ti serve a immedesimarti, entrare meglio nello spirito del cliente – sentire in te quello che il cliente prova, cosa libera o disturba la mente del cliente...

E serve a portare sin da subito il cliente verso la "*soluzione*" rilassando il tuo corpo e la tua mente ...

O serve a dare al cliente, se lo si sente molto insicuro, la certezza che tu sai cosa stai facendo e che quindi ti può seguire perché ti occuperai di lui.

Dimmi come si siede e ti dirò chi è

Una delle cose più affascinanti che ho imparato con il passare del tempo è stato di accorgermi che il modo di sedere del cliente ci può indicare sin da subito se la persona sarà una più portata all'ipnosi / trance o meno.

Io uso per il cliente un divano, mentre io siedo di fronte al cliente.

Qui, vado contro alcune teorie che bisognerebbe sedere non proprio di fronte al cliente, bensì un po' più di lato.

Io condivido questa teoria se si parla di una seduta di psicoterapia o coaching. Ma non la condivido se si parla di una seduta di ipnosi.

Secondo me sedersi di fronte al cliente (ho comunque un tavolino basso fra di noi) provoca che il cliente subito si senta più esposto e quindi deve subito "reagire" emotivamente, cioè io provoco subito una reazione invece di lasciare troppo spazio e tempo come sarebbe normale in una seduta psicologica.

Uso un divano soprattutto perché questo mi dà la possibilità di capire come andrà in trance il cliente a seconda di dove si siede.

A destra o a sinistra

Se si siede non frontale a me, quindi nel centro del divano, sta evitando il diretto contatto e quindi cercando di non lasciarsi "aprire" da subito e quindi va un po' in disparte, mostra un po' di insicurezza.

In questo caso è probabile che la persona "va bene" in trance, ma bisogna usare molta cautela.

Dimostra delle insicurezze forse anche dovute a trauma vissuti per esempio nell'infanzia, paure.

Anche in questo caso è probabile che la persona "va bene" in trance, ma bisogna usare molta cautela ed assicurarsi spesso se la persona davvero sta bene (chiedere ogni tanto come sta durante l'ipnosi anche se sembra rilassata: "Ogni volta, che ti chiederò, non ora ma fra poco, di aprire gli occhi, puoi farlo tranquillamente e questo ti aiuterà a rispondere alle mie domande... o magari vogliamo cambiare qualcosa nel setting, per esempio se vuoi sederti altrove... ma non appena ti dico: chiudi gli occhi! In quel momento ti rilassi IL DOPPIO di quanto sei rilassato ora... immagina come ti sentiresti, se fossi rilassato il doppio... come respireresti... bene, apri gli occhi! ... stai bene? Tutto ok? Bene, richiudi gli occhi!")

A volte mi capitano clienti, soprattutto maschi, che tendono a sedersi "spaparanzati" frontalmente a me, nel mezzo del divano con le braccia aperte e le gambe aperte come per dire "non ho paura di niente e nessuno" o "...e allora, fà qualcosa, dai! ipnotizzami!".

Qui ci sono due tipologie: quelli che davvero sono rilassati e quelli che fanno finta. Lo si capisce dal modo di parlare, se fanno finta o meno.

Se fanno finta, sono portate comunque all'ipnosi ma hanno la tendenza a riaprire spesso gli occhi o a non lasciarsi andare subito. Se non fanno finta possono essere tra quelli che vanno molto profondamente.

A volte i clienti si siedono come se volessero andare in meditazione, spesso sin da subito si tolgono le scarpe e incrociano le gambe sul divano. A volte lo fanno quando il colloquio è finito, cioè quando sanno che ora andremo in ipnosi.

Questa posizione di solito non è, questa è la mia esperienza, per forza favorevole – i clienti che sono abituati a questa posizione e alla meditazione possono lasciarsi andare fino a un certo punto ma bloccano eventualmente una trance più profonda perché si aspettano un certo tipo di dimensione mentale e corporea appunto a loro conosciuto.

Tuttavia, per esempio se all'inizio dico: "per favore se possibile lascia i piedi sul pavimento" e loro decidono di seguire il mio consiglio, può funzionare bene perché comunque sono persone portate al rilassamento.

Questa è secondo me la posizione che più indica: **il cliente si lascia andare al massimo**.

È rivolto verso di me, come se avesse moltissimo interesse, ha gli occhi molto aperti o comunque mi fissa ansioso di partire con l'ipnosi.

Agli inizi della mia carriera pensavo: forse il cliente ha paura e pensa già ad uscire (pensavo guardasse la porta dietro alle mie spalle) ma si è poi rivelato quasi sempre il contrario.

Ipnotizzare durante il colloquio

La seduta tipica

Io lavoro in questo modo, ma non vuol dire che sia il modo migliore. È il modo di lavorare che è nato dalla esperienza con migliaia di clienti.

Lo schema principale di ogni seduta come per la maggior parte degli ipnotisti è questo:

le 3 "T":

- TALK (1)
- TRANCE
- TALK (2)

TALK (1) - cioè prima parlo al cliente, cerco di capire esattamente di cosa ha bisogno.

TRANCE – Introduco approfondisco la trance e affronto i temi portati dal cliente.

In modi diversi – usando ipnosi non-verbale, ipnosi rapida, ipnosi Ericksoniana, PNL....

TALK (2) E alla fine chiedo come è andata, cosa ha funzionato e cosa meno, cerco di capire una direzione di una prossima eventuale seduta.

Questo schema "tipico" non funziona sempre.

Lo dico per ricordarti che: ogni persona reagisce in modo diverso e devi tenerne conto, non si può nell'ipnosi credere di avere una tecnica che si può usare dalla A alla Z uguale per tutti.

Per esempio, invece di rilassarsi o concentrarsi il cliente piange subito invece di parlare. È già al centro delle sue emozioni e ha bisogno di un approccio più immediato.

In questi casi, passo generalmente subito all'approfondimento della trance.

Questo non vuol dire però che se il cliente piange, io per forza subito lo interrogo della serie "perché piangi, vai in profondità, guardiamo gli orrori vissuti!" – no, dipende dalla situazione e da cosa desidera il cliente e dalla mia esperienza – nel senso che devo sapere/capire prima di agire.

Generalmente lo lascio sfogare e dico piuttosto "lascia uscire quello che deve uscire" – cioè lascio spazio alla emozione senza interrogarla troppo, perché **ci vuole cautela.** Poi, se il cliente sembra andare verso una certa introspezione, cioè se sembra subito voler andare in profondità del tema, allora seguo.

Nota bene: queste cose che dico hanno a che fare con il dato di fatto che io, in Germania, ho un titolo che mi permette di lavorare come terapeuta – informati sulle leggi nel tuo paese per sapere su quali temi e con quale profondità puoi lavorare.

Perché questa nota? Se un cliente ha una forte depressione, per esempio, e tu spingi troppo sul farlo star bene, forse trova la forza che gli mancava per suicidarsi.

È solo un esempio drastico per dire: devi sapere esattamente cosa puoi / devi fare, avere conoscenze di terapie e psicologia, e sapere cosa ti permette la legge.

Ogni guarigione dell'anima avviene come gli strati di una cipolla – l'anima mostra solo la parte che vuole e che può essere guarita / aiutata e questo vuol dire che forse oggi ne mostra una più profonda o magari rimane in superficie e, pur volendo andare in profondità, non si deve spingere troppo, altrimenti il cliente potrebbe chiudere quella porta.

Talk (1)

Nel colloquio ci sono diverse possibilità per pre-ipnotizzare, che a mio parere significa soprattutto:

- Eliminare la paura dell'ipnosi
- Costruire un buon rapport
- Dirigerlo in una sensazione di trance, usando *Pacing e Leading*.

  Altre cose sono molto importanti ed è un bene saperle:

- Conoscere te stesso/stare il meglio possibile con te stesso

- Capire come comunica il cliente

- Saper guidare (*leading*) senza imporre

Importante usare "trucchi" ipnotici/psicologici quali:

- Se il cliente fosse un bambino...

- Se io fossi il suo collega...

- Immaginarsi un tunnel

- Fissare fra gli occhi o dietro la testa

- Usare il silenzio

- Usare le mani per imitare il rilassamento

- Portare le mani via dal corpo o portarle verso il corpo

- Capire e se necessario trasformare le aspettative del cliente

- Capire / ritrovare le risorse nascoste del cliente

- Assicurarsi di eliminare possibili vantaggi secondari del problema

- Capire e nel possibile trasformare le convinzioni negative del cliente

- Denominare (nel possibile) insieme al cliente gli obiettivi da raggiungere

- Capire il modo in cui il cliente descrive il mondo, uso delle metafore

- Uso dei comandi incorporati

- Accettare le resistenze

- Uso del Yes-Set

- Fare attenzioni ai segnali della trance

Eliminare la paura dell'ipnosi

Alcuni clienti che vengono da me, seppure vogliano assolutamente provare l'ipnosi, ne hanno paura. Chi più chi meno.

Addirittura, alcuni pagano in anticipo la seduta... ma quando poi siedono da me, mi dicono di aver paura.

Paura perché qualcuno gli ha detto: *ma sei matto?? Ipnosi?? Di sicuro pericoloso dare il controllo a un estraneo!*

A volte non è proprio paura ma insicurezza di quello che accadrà nella seduta.

La maggior parte delle paure è basata sulla falsa informazione che:

l'ipnotista DETTA al cliente cosa deve pensare/fare o come debba vivere.

Bisogna assolutamente quindi, prima di approfondire la trance (prima di dire al cliente: bene, ora abbiamo parlato. Sei d'accordo se partiamo con l'ipnosi?):

Chiarire cos'è e cosa non è l'ipnosi

A tanti chiarisco la differenza fra ipnosi da show e ipnosi terapeutica.

Nell'ipnosi da show si va già con l'idea di partecipare a qualcosa di divertente. Quindi si entra automaticamente in un ruolo da gioco. È come se giochiamo a Risiko, e si fa la guerra per gioco, e si entra tanto nel ruolo, che magari si litiga col migliore amico: "Ma come giochi! Ma non puoi lasciar passare il nemico così..."
... chi ha mai giocato Risiko sa di cosa parlo.

Poi a tutti faccio l'esempio del film: 10 amici siedono al cinema e guardano un film dove si vede morire un cane: 2 su 10 piangono, sentono l'emozione come se fosse vera, 2 invece ridono dicendo che è solo un film... e tutti gli altri trovano il film più o meno interessante con momenti dove sono più "dentro" la storia di altri momenti....

Allo stesso modo nella seduta di ipnosi alcuni proprio vivono l'emozione al 100%, altri meno. Se per esempio dico a una persona: da oggi ti sentirai libero dal fumo... egli potrebbe sentire questa emozione di libertà al 100% ... e proprio immaginarsi, sentire come respira libero, come se non avesse mai fumato.

Quindi non è una imposizione mia, ma è il suo voler sentirsi libero che vince sull'abitudine.

Il concetto chiave è: TU (cliente) vuoi cambiare qualcosa nella tua vita, io (ipnotista) ti aiuto tramite l'ipnosi – o meglio tu ti lasci

portare lì dove hai la risorsa interiore
necessaria per farcela.

Si dice appunto, che *ogni ipnosi è una
autoipnosi.* Nel senso che comunque il cliente
deve volerla, per poterla vivere.

Devi decidere di andare al cinema, devi
decidere di lasciarti andare al film e alle sue
emozioni per viverle. Ti è mai successo di
andare al cinema solo per far un piacere a un
amico ma odi quell'attore e per tutta la durata
del film pensi, che stupidaggine di storia?

*Quando io ho visto "Il signore degli anelli" al
cinema ci sono andato più o meno per far un
piacere a degli amici. Amo il cinema! ... ma
non ho mai amato il genere fantasy.
Durante il film, mi sono parecchio annoiato.
Anni dopo l'ho rivisto con dei bambini, volevo
che quel pomeriggio fosse un successo, e ho
guardato il film con gli occhi di un bambino e
ho riscoperto positivamente tutta la saga,*

rivedendola più volte successivamente col
passare degli anni in più lingue.

Tu (cliente) vuoi smettere di fumare, il tuo
cervello ti manda il messaggio che devi ancora
fumare, ma io (ipnotista) ti aiuto ad andare in
profondità del tuo vero IO che dice: basta! ...
quel tuo IO si ribella a quella voce
dell'abitudine... non è un mio comando che
tu segui (se lo è, lo è solo in parte.)
Alcuni seguono solo il comando (cosiddetto
post-ipnotico nel senso che dopo la seduta il
cliente segue le istruzioni ricevute) ma se
davvero è solo questo, non basta per smettere
di fumare per sempre.

Ma possono esserci anche altre paure più
semplici, per esempio: "e se mi scappa di
andare in bagno durante la seduta?" ... "e se
dico cose che non vorrei dire? " ...

Per togliere ogni tipo di paure io dico sempre:

"Ora, io ti ho spiegato cos'è l'ipnosi e cosa non è - ovviamente non posso tenere una conferenza di otto ore per assicurarti su ogni tuo dubbio – ma aldilà di cosa sia l'ipnosi:

1) Tu puoi interrompere in ogni istante. Per esempio, se devi andare in bagno, se ti accorgi che non è il tuo giorno, se ti ricordi di avere dimenticato il fornello acceso a casa... se ti viene su una emozione di cui vuoi parlarmi... se ti sono antipatico! ... per qualsiasi motivo insomma! ...puoi semplicemente aprire gli occhi o muovere una mano ALDILÀ di quanto tu sia in trance, ora che lo hai sentito, lo hai anche registrato nel tuo subconscio."

Eventualmente, qui si può anche decidere quale mano debba alzare il cliente.

Quando parto con "Bene, chiudi gli occhi" poi dico: "... ora facciamo un test, facciamo finta che vuoi interrompere per qualsiasi motivo, per esempio devi andare in bagno, cosa fai? Apri gli occhi. Prova ora: apri gli occhi per favore" – il cliente ovviamente apre gli occhi e quindi, nonostante egli sappia che non ho ancora iniziato a fare niente, capisce che può stare tranquillo. Perché comunque il momento in cui ha chiuso gli occhi è il momento cruciale, per alcuni il *punto di non ritorno "oddio oddio sto per andare in ipnosi!!!"* Allo stesso modo posso fargli fare il test di alzare la mano per smettere e io dico "bene, hai alzato la mano per interrompere, apri gli occhi ora, tutto ok?".

In questa occasione ti può capitare di aver soggetti molto portati alla trance che davvero già fanno molta fatica a riaprire gli occhi. In questo caso, ripetere a voce alta "apri gli occhi" e non spaventarti! Anzi, hai un soggetto perfetto. Se il cliente si accorge di non riuscire ad aprire gli occhi in genere non si spaventa perché è già talmente in trance che semplicemente gli sembra normale o non gliene importa in quel momento, ed è molto contento quando gli chiedi di richiudere gli occhi.

Puoi qui allo stesso modo decidere che un dito corrisponda alla risposta sì e uno alla risposta "no" - se vuoi. Io non uso questa tecnica ma molti la trovano utile. In questo caso fate il test, il cliente chiude gli occhi e poi gli fate una domanda dove egli possa rispondere con un sì e una con un no e di conseguenza il dito (ad esempio) destro si muove se è un sì... e il sinistro un no.

In genere si usa l'indice e si chiede al cliente di lasciare le mani sulle ginocchia in modo da poter vedere gli indici alzarsi...
Ripeto, io trovo questa variante non piacevole, perché ho l'impressione di non poter osservare bene il cliente in volto o osservare altre reazioni per poter tutto il tempo controllare gli indici e mi sembra di impedire al cliente di andare più in profondità... perché da qualche parte del cervello deve ricordarsi di usare questa tecnica, invece di lasciarsi completamente andare. Sono d'accordo però che per molti clienti è piacevole sapere che possono rispondere con le dite invece

che dover usare la voce.

2) "Mi hai detto, che probabilmente per te non è un problema se tocco la tua testa, le mani, il cuore, punti dove provi il dolore eccetera. Anche qui: se ti accorgi che il toccare un determinato punto ti fa bene, puoi prendere la mia mano e stringerla forte su quel punto ma allo stesso modo puoi toglierla se ti dà una sensazione di fastidio. Puoi ogni momento interrompere o dirmi di cambiare modo."

3) "Allo stesso modo puoi cambiare la posizione. Puoi cambiarla o farmi sapere, se hai bisogno di sdraiarti, o richiedere una coperta se hai freddo..."

4) "...puoi dirmi di parlare meno veloce o altro, alzare o abbassare la musica o se preferisci più buio o più luce..."

5) "... Insomma, per favore fai di queste ore che ci rimangono IL TUO TEMPO, prendi tutto quello di cui hai bisogno per lasciare qui il massimo del peso che ti affligge.

6) "In parte seguirai le mie istruzioni, ma sono io che devo capire di cosa hai bisogno, tu segui il tuo istinto".

Costruire un buon rapport

Costruire un buon rapport si ottiene soprattutto usando il *pacing and leading*.

Detto in modo semplice:

Pacing – copiare il cliente, essergli da specchio
Leading – dirigerlo verso la direzione desiderata (quella che si pensa sia la migliore per il cliente)

Per chi vuole capire meglio:

Pacing significa rispecchiare la comunicazione del cliente e si basa sulla teoria che: la simpatia nasce dalla somiglianza – attenzione, non una imitazione artificiale, ma un vero coinvolgimento empatico con l'altro, affinché si possa sviluppare un buon livello di relazione (chiamato anche *rapport*).

Leading: cioè "guidare" e significa che gradualmente si porta il cliente in uno stato diverso da quello che ha di solito/collegato al problema. Puoi farlo avviando piccoli cambiamenti, ad esempio nel linguaggio del corpo o nel linguaggio verbale.

Visto che le persone di solito vogliono istintivamente mantenere un buon contatto con altre persone, seguiranno i passi proposti.

Quando parlo di *pacing and leading* alcuni pensano che voglia dire: scimmiottare, imitare il cliente per poi portarlo nelle tue *grinfie*.

Ovviamente, se guardiamo il lavoro di persuasione di un venditore o di un impostore, possiamo dire che *pacing e leading* può essere usato per "fregare" una persona.

Ma qui stiamo parlando di utilizzare questa tecnica a scopi terapeutici.

Per creare un buon rapport ed entrare nel magico mondo del *pacing and leading* in modo serio e in modo positivo devi soprattutto:

- **Conoscere te stesso/stare il meglio possibile con te stesso**

- **Capire come comunica il cliente**

- **Saper guidare (*leading*) senza imporre**

Stare il meglio possibile con te stesso.

È indispensabile, per potersi aprire a un lavoro di *pacing and leading*, (e comunque per poter lavorare come ipnotista) sapere bene cosa sai fare, conoscere i tuoi limiti, e sapere qual è il tuo modo di comunicare.

Potrei scrivere un libro solo su questo, quindi mi limito qui alle cose più importanti:

Devi lavorare su te stesso e sulla tua crescita personale. Devi imparare a osservarti. Io mi sono guardato in video: come siedo? Come parlo? Quando si capisce che sono nervoso?

Attenzione: non sto dicendo di diventare super controllati. Sto parlando di imparare a osservare sé stessi prima ancora di osservare altre persone.

Non sto neanche dicendo di fare corsi su corsi, bensì può essere abbastanza osservare sé stessi. Filma te stesso, mentre parli alle persone. E poi guarda. Impara come migliorare.

Quando siedo di fronte a un cliente per esempio, prima di tutto osservo come io – il mio corpo, il mio stato mentale INCONSCIAMENTE reagiscono al cliente. Mi sento strano? Qualcosa mi disturba? Mi muovo in modo nervoso?

Se vedo questi sintomi, cerco di ritrovare la mia pace interiore ma anche di capire, cosa mi disturba? Forse mi aiuta a capire il problema che il cliente ha con altre persone. Questa è una cosa che devi saper fare lavorando su te stesso, per esempio tramite autoipnosi, sedute di psicoterapia, meditazione eccetera.

Capire come comunica il cliente

Bisogna assolutamente capire qual è il modo di comunicare del cliente, quali sono le cose importanti per lui?

Bisogna fare attenzione al suo modo di rispondere, con le parole e col corpo: tutto è comunicazione.

Come ho detto qui si potrebbero scrivere dei libri, ma per capirsi:

La lingua usata dal cliente

Attenzione a come parla, che tipo di gergo ha? Cioè usa un vocabolario maturo, intellettuale, o parla come una persona semplice, parla in modo chiaro o si perde nel discorso, racconta di tutto e di più senza spiegare cosa vuole? Parla in modo veloce o lento? Parla senza fare pause e respiri profondi?

Parla con senso e portando al punto i discorsi o non trova una fine?...

Come risponde il cliente?

Come reagisce alle domande? Sono le risposte congruenti ai movimenti del corpo? Se chiedo: come va con tuo marito e la cliente risponde „bene ", ma allo stesso tempo ha una reazione con la gamba come se scacciasse qualcosa, c'è da chiedersi se la risposta sia onesta (consciamente o no) al 100%.

Risponde il cliente omettendo qualcosa? Per esempio, se chiedo "come era la tua infanzia" e il cliente risponde "perfetta, mia madre bravissima...mia madre sempre per me..." c'è da chiedersi come mai non parla del padre? Sempre con molto rispetto e cautela chiedere, se col padre andava tutto bene, visto che all'inizio non potete sapere se il padre era già morto, separato o altre situazioni.

Spesso già a questo tipo di domande, su persone omesse nel racconto, esplodono sentimenti – il cliente incomincia a piangere per esempio: abbiamo già superato la superficie e stiamo entrando in profondità dell'anima.

Saper guidare (leading) senza imporre

Detto in un esempio semplice: il cliente sembra "stressato", parla velocemente ed è nervoso, tu per un momento stai al "gioco" ... potresti anche tu velocizzare un po' il tuo modo di parlare, respirando più "piatto" del solito ma lentamente, senza che sia visibile, incominci a rallentare, a fare gesti che rallentano – per esempio portando una mano all'alto dicendo "Scusa dicevi prima che il tuo capo ...." abbassando la mano dicendo "....ti ha detto quella cosa?"

Il modo di sedersi

Se il cliente siede in un certo modo (gambe accavallate per esempio) imita per un attimo, poi guida al rilassamento (per esempio riaprendo le gambe).

Sì, l'acqua...
Io do sempre un bicchiere d'acqua al cliente.
Se il cliente beve segui e bevi anche tu. Fallo
due volte. La terza bevi tu e vedi se il cliente
segue. Se segue, sei in ottimo rapport. Se ci
mette un po' a seguirti, il rapport è ok. Se non
segue, o il rapport non è buono, oppure il
cliente è già talmente in trance che non si
accorge dei tuoi movimenti.
Ti rendi conto se è in trance osservando se le
palpebre vibrano più spesso del solito, o se gli
occhi guardano come impietriti.

Respirazione

Se il cliente respira affannato, come ho già
scritto imita un attimo per poi calmare il tuo
respiro, vedi se ti segue.

Se il cliente tende a gesticolare, imita un paio di secondi poi calma i tuoi movimenti.

NON ESAGERARE!

Tutti questi esempi non devono essere usati esageratamente – il cliente non deve mai pensare che lo stai scimmiottando perché questo ovviamente non è lo scopo.

Vogliamo solo fare sentire il cliente a proprio agio. A volte nulla di tutto ciò è necessario perché il cliente già si sente subito a suo agio e tu te ne accorgi, e basta allora seguire l'onda.

Capire al meglio di cosa ha bisogno il cliente

Il cliente viene da te spesso con le idee poco chiare. Magari è "esaurito" per colpa delle notizie del momento, per esempio omicidi, guerra, terrore, pandemia... che però magari inconsciamente gli ricordano momenti di impotenza dell'infanzia.

Altri clienti tendono a perdersi nel raccontare la loro storia aggiungendo sempre più dettagli perdendo un possibile scopo o il nesso fra gli avvenimenti. Il cliente li vive come una matassa impossibile da sciogliere.

Uno dei modi migliori per andare in profondità, o concentrarsi sul nocciolo dei problemi, è di entrare (dopo avere ascoltato il cliente, averlo lasciato raccontare ma fino ad un certo limite di tempo) nelle emozioni nascoste sotto le parole. È importante qui saper trovare il momento preciso, se non lo si trova basta guardare l'orologio e a seconda di quanto tempo avete a disposizione per il colloquio, trovare la forza di interrompere il cliente e porgli una domanda "importante" / cruciale.

- **Cosa ti ha aiutato a superare tutto ciò, quali risorse?**

- Da chi ha appreso questa risorsa?

- Qual è la cosa su cui ti piacerebbe lavorare, e quale sarebbe un ottimo risultato per questa sessione?

Oppure:

- Cosa deve succedere oggi perchè tu possa dire: ne è valuta la pena/il tempo - di venire a questa seduta?

- Quando sarai demotivato di essere demotivato?

- In quale momento sarai stanco di essere stanco di tutto ciò?

- **Di tutto quello che mi hai detto, cosa ti rende più triste?**

- Anche se non sai rispondere.... ma ipotizzando che tu potessi rispondere, cosa diresti?

- Perché la tua vita sarebbe meglio - quando hai raggiunto l'obiettivo X?

- Quale sarebbe una possibile soluzione al problema?

- Racconta di nuovo la tua storia, ma in modo positivo, tipo Rocky, che si rialza sempre...

- Come hai affrontato un'altra situazione simile precedentemente?

- Come lo affronterebbero gli altri?
- Come lo affronterebbe il tuo idolo?

- Cosa faresti se vincessi alla lotteria e non dovessi fare NULLA che non vuoi...Cosa faresti diversamente?
- Cosa non cambieresti?

- Come reagiresti se incontrassi "Dio"?

- Cosa starai facendo meglio domani di oggi?

- Cosa vorresti celebrare come successo personale tra un anno?

- Come ti sentirai esattamente quando l'hai effettivamente raggiunto?

- Come saprai che l'attuale fase di cambiamento è finita?
- Quali costanti ci sono nella tua vita?

- Cosa rimarrà uguale aldilà dei cambiamenti?

- Che ne dici se da ora in poi ti chiedi questa domanda (...) ogni sera?

- Cosa cambierà in te, se, a partire da oggi, ti concentrerai maggiormente sulle cose di cui eri felice durante il giorno?

- **Cos'altro vuoi cambiare?...**
- **E cos'altro ancora?**

- Se domani avessi raggiunto tutti i tuoi obiettivi con una pillola miracolosa, come cambierebbe la tua vita?

- Di quale autorizzazione hai ancora bisogno per avviare la modifica?

Usare "trucchi" ipnotici/psicologici

Ecco i "trucchi" ipnotici/psicologici che uso per "smuovere" le emozioni e raggiungere il subconscio.

Mi pongo, mentre ascolto il cliente, delle domande, esempio:

Se il cliente fosse un bambino?

Se il cliente fosse un bambino, cosa penserei di come siede?... di come parla? ... delle parole che usa? Ponendomi questa domanda "vedo" (mi immagino) per esempio il bambino spaventato o triste che sta di fronte a me nel corpo di un adulto.

Questa domanda mi aiuta a capire meglio da dove possano provenire certe paure.

Mi immagino da una parte il possibile passato del cliente, come è stato da bambino? ... cosa può aver provocato un tale modo di esprimersi? Ma soprattutto cerco di vedere "il bambino interiore" del cliente OGGI. Cioè quella parte che si sente sopraffatta dagli eventi, come se non fosse adulta abbastanza per risolverli.

Ponendoti questo tipo di domande, provochi in te delle sensazioni che si trasmettono automaticamente sul cliente.

Bisogna sempre andare molto cauti però, perché stiamo usando la nostra immaginazione e questa potrebbe essere non corrispondere alla realtà. Cioè se vediamo il cliente seduto insicuro non vuol dire che da bambino fosse insicuro.
Ci aiuta solo a capire la parte intimidita del cliente OGGI che FORSE ha a che fare con l'infanzia, forse no.

Se un cliente è in lutto, e si sente sopraffatto dalla esperienza della morte di una persona cara, non deve avere a che fare con l'infanzia. È una persona in lutto che non si aspettava di vivere una tale esperienza e questa lo sta dissanguando. **Bisogna insomma sempre andare con cautela e senza giudizi / pregiudizi troppo veloci.**

Quindi usiamo queste domande solo per entrare meglio nella psiche del cliente, individuare possibili indizi che potrebbero servirci a capire meglio le sensazioni, ma non possiamo prenderle per delle verità.

Se il cliente appare insicuro e noi lo trattiamo come un bambino insicuro, potrebbe sentirsi trattato male. È meglio quindi assicurarsi, con altre domande al cliente, di come veda lui la sua infanzia.

Dobbiamo usare queste tecniche non per fare del cliente un identikit e rinchiuderlo in una cornice, bensì per capirlo e per entrare in connessione con lui.

Mentre entriamo in contatto con queste parti più emozionali è come se noi stesso entrassimo in trance, per invitare il cliente a farlo lui stesso.

Allo stesso modo e con la stessa cautela ci si può chiedere: se io fossi il suo capo... il suo collega... il suo partner, come mi sentirei?

Mettersi nei panni del "nemico" aiuta a capire meglio la situazione, vederla più a 360°.

Per esempio, mi è capitato di parlare con una signora che si lamentava continuamente del marito, proprio con veemenza... e mettendomi nei panni del marito, ho sentito la gran paura della donna e le ho detto: "ma lui ti ha mai chiesto perché hai paura di dirgli quello che pensi?" e lei è scoppiata a piangere dicendo che era proprio così, lei in realtà aveva una grande paura di lui.
Egli le ricordava sempre il parente che nella sua infanzia le aveva dato un senso di impotenza... e quindi, invece di parlare continuamente del marito, ci siamo immersi nel parlare della sua paura e del suo passato.

Mi immagino il cliente (nella mia testa, senza dire niente a proposito) all'inizio, in mezzo o verso la fine di un tunnel.

Per esempio, se il cliente dice: vorrei separarmi ma ancora non sento la forza di farlo – per me questo vuol dire che il cliente è ancora all'inizio di un tunnel che sta forse per arrivare.

Se invece dice: ho già chiarito che siamo separati, ma non so bene come affrontare le varie difficoltà che incontrerò....

Allora è in mezzo al tunnel.

Se invece dice: siamo da tempo separati, tutto è risolto, ma ancora faccio fatica a immaginarmi una vita da solo....

Allora lo immagino alla fine del tunnel.

A cosa aiuta questo? Mi aiuta ad avere una immagine, una metafora per il mio lavoro. Mi posso meglio immaginare di quante risorse il cliente ha bisogno, di quanta paura possa avere, di quante sedute ha bisogno eccetera. Ma mi aiuta anche ad avvicinarmi psicologicamente, empaticamente al cliente così che egli si senta capito meglio.

O posso usare "trucchi" come:

Usare il silenzio

Usare il silenzio significa fare una domanda, per esempio: "Come è stata la tua infanzia?" –

... per esempio, se il cliente risponde "Ho avuto una infanzia felice" ... aspettare, non dire nulla, qualche secondo.

In questo modo, il cliente si sente un attimo insicuro, e questo può provocare una ulteriore risposta meno "preparata" e più profonda per esempio "Si... ehm...beh i miei in effetti lavoravano tanto e li vedevo poco..."

Ovviamente questo non lo si deve fare continuamente, basta una volta, altrimenti mettiamo il cliente in una condizione spiacevole.

Si può usare la tecnica del silenzio anche senza fare domande, per esempio per esaltare un qualcosa appena detto: "...oggi ti rilasserai molto" -silenzio per qualche secondo.
In questo modo sottolineiamo le parole appena dette che ricevono una forza maggiore.

Guardare in mezzo agli occhi

Puoi guardare (non continuamente, ma per una durata superiore al solito) direttamente negli occhi del cliente.

Guardare dritto negli occhi è un qualcosa che da una parte provoca fiducia nel senso che l'altra persona vede in te una persona sicura. Ma se uno ti guarda troppo a lungo dritto negli occhi potresti pensare "ma che presuntuoso questo", cioè potrebbe infastidire – nella vita di tutti i giorni.

Nella seduta di ipnosi, se lo pratichi ogni tanto provoca nel cliente la sensazione che tu l stia ipnotizzando.

Se preferisci, puoi guardare sul punto FRA gli occhi. Questo dà un senso ulteriore di stranezza al cliente, che si sente strano perché lo guardi e non lo guardi allo stesso tempo.

Un'altra possibilità è di guardare qualcosa DIETRO alla testa del cliente, ma dare l'impressione che lo stai guardando negli occhi. In questo caso il cliente si sente come "attraversato" dal tuo sguardo.

Usando sin da subito la comunicazione non-verbale, quindi usando il corpo, posso sin dalle prime frasi introdurre elementi "liberatori" come per esempio:

- Abbassare la mano per calmare il cliente.
- Portare le mani dal / o via dal / petto.

Abbassare la mano per calmare il cliente

Per esempio, dicendo: "Ma con tutto questo stress che hai vissuto... qualcosa ti ha aiutato a sopravvivere, cosa pensi che sia?"
Oppure "Tuo padre era così colerico... ma quando sei uscita di casa?"
... questo portando la mano dall'alto (per esempio dalla tua testa) parlando del problema (lo stress... il padre colerico...) al basso – per esempio verso il tavolo o verso la tua gamba (sopravvivere... cosa ha aiutato...

una scelta radicale positiva come uscire di
casa...)

Portare le mani dal corpo (generalmente il petto o la testa) verso il fuori per esprimere il liberarsi di un problema/di un peso.

O al contrario portare le mani da fuori verso il corpo per esprimere l'appropriarsi di un qualcosa/di una risorsa, di una sensazione.

Questo perché:

Bisogna "produrre" sin da subito un cambiamento nel sistema mentale e corporeo del cliente: egli entra nel tuo studio con più o meno speranza di risolvere un problema o di raggiungere un obiettivo e più noi riusciamo a dargli subito una sensazione di benessere, più egli "sente" anche già col corpo che sta cambiando qualcosa e più collabora il cliente nella parte della seduta dedicata all'ipnosi stessa.

I clienti generalmente hanno due tipi di problema: gli manca qualcosa (la voglia di riuscire in qualcosa, la forza di cambiare lavoro, i soldi, l'amore...) o hanno qualcosa di troppo (un peso, un partner che non ricambia, il fumo, un lavoro che non piace...)

Spesso, per esempio, mentre parlano i clienti vanno con la mano verso il petto descrivendo per esempio "è una situazione difficile" e si toccano con la mano o solo con le dita sul petto, generalmente al centro del petto o verso il cuore.

Qui io chiedo di solito: *cosa senti mentre ne parli?*
O : *dove la senti nel corpo questa sensazione?*

Di solito appunto risponde il cliente: nel petto e mostra ancora quel gesto portando la mano al petto.

Qui si può:

1) Ripetere il gesto chiedendo più informazioni, per esempio stringendo un pugno sul petto e chiedendo – lo senti come un qualcosa che stringe, si avvinghia... o come un sasso?

2) Una volta ricevuta la risposta, si può fare il gesto contrario – portare per esempio la mano via dal petto e simboleggiare il buttare qualcosa fuori ... dicendo "e quindi se avessimo successo cosa sentiresti... " (intendendo che è una liberazione ma lasciamo rispondere il cliente)

Il cliente, vedendo questi gesti, intuisce istintivamente che stiamo già "risolvendo" il problema o comunque simboleggiando la soluzione.

Capire le aspettative del cliente

Importante capire bene le aspettative del cliente.

Se il cliente si aspetta (**in una sola seduta!**) di smettere di fumare, dimagrire, essere più preparato in un esame... sarà molto probabilmente deluso quando scopre che è quasi impossibile riuscirci. Qui bisogna chiarire bene, che sarebbe meglio concentrarsi su un tema.

È ovvio che se il cliente ha problemi col partner

bisogna spiegare al cliente che:

- non posso cambiare il tuo partner
- i vostri problemi sono ancora lì quando torni a casa

ma

- forse posso aiutarti ad affrontarli in modo diverso.

Quindi chiedere:
- cosa ti aspetti da questa seduta?
- Cosa deve succedere in questa seduta, così che tu possa dire: ne è valsa davvero la pena?

Se il cliente risponde con frasi negative della serie:
- mi aspetto di non essere più trattato male
- mi aspetto di non fumare più

ecc.
qui è importantissimo cercare di fargli trasformare, già nel colloquio, le aspettative.

Una semplice domanda in questa direzione può aiutare:

- Non essere trattato male...cosa vuol dire per te? = prova a esprimere in positivo, per esempio essere trattato bene... cosa vuol dire "bene"? Dimmi un esempio pratico: il mio partner mi direbbe ... oppure: io risponderei....

- Perché sarebbe meglio, se tu non fumassi più, cosa cambierebbe nella tua vita? Come ti sentiresti?

- Cosa dovrebbe cambiare, per arrivare a una soluzione?

- Mi hai spiegato il problema: parlami della soluzione: che aspetto ha, che cambiamento porta, cosa si potrebbe fare per arrivare lì?

- Dove puoi connetterti con persone che la vedono come te, che cercano le stesse soluzioni?

Capire le risorse nascoste del cliente

Qui davvero la cosa più importante è ascoltare il cliente. Se il cliente racconta di aver vissuto anni terribili ("la mia infanzia era terribile, mia moglie mi ha lasciato, il mio capo mi tratta male...") chiedere:

"A sentire tutte queste vicende negative, mi chiedo: cosa ti ha aiutato a superare tutto ciò? Cosa ti ha aiutato ad arrivare oggi qui, a parlarne con me, dove magari altri avrebbero cercato una fuga nelle droghe o altro? Cosa ti ha fatto sopravvivere tutto ciò?"

Qui spesso il cliente stesso si rende conto: una forza interiore deve averla avuta altrimenti non sarebbe qui... e incomincia a vedersi in modo più positivo e quindi a spostarsi dal problema verso la soluzione.

Magari risponde cose del tipo "Mia nonna per me era tutto, un vero esempio di vita" ... e quindi abbiamo già due buoni elementi per il lavoro con l'ipnosi:

- una forza interiore
- l'esempio positivo, la guida nella figura della nonna.

Questi elementi si possono riprendere nelle parole che si diranno poi nella trance al cliente.

Esempio: "... e da oggi in poi saprai che hai quella guida interna... quell'esempio ... quella strada che ti viene indicata come nel navigatore in auto... che ti ha aiutato inconsciamente per anni... che non ti mai lasciato solo... e quanto è bello sapere che quella guida ha un volto, il volto gentile di tua nonna... e ti sentirai per sempre al sicuro e guidato con amore da questa guida interna..."

Eliminare vantaggi secondari del problema

Suona assurdo, lo so, ma è la verità:

ho avuto spesso persone che non avrebbero mai risolto i loro problemi, se io non mi fossi accorto che, dietro il problema, c'erano situazioni che faceva pensare al cliente: se il problema sparisse la situazione sarebbe peggiore!

Per esempio chi mi ha detto: se smetto di fumare, poi non ho più diritto a una pausa sul lavoro.

O chi mi ha detto: da quando la gamba mi fa male, mio marito pulisce in casa.

È chiaro che allora posso fare di tutto nell'ipnosi, ma se il cliente immagina che la sua vita sia peggiore senza il problema: non vorrà risolverlo.

Qui è indispensabile, possibilmente già nel colloquio, trovare col cliente soluzioni immaginabili:

- come potresti dire al tuo capo, che comunque hai bisogno di una pausa?

- Come potresti comunicare al marito che dovrebbe impegnarsi di più, senza che tu debba essere malata?

Capire le convinzioni negative del cliente

Produrre sin da subito un cambiamento nel sistema mentale e corporeo del cliente: egli entra nel tuo studio con più o meno speranza di risolvere un problema o di raggiungere un obiettivo e più noi riusciamo a dargli subito una sensazione di benessere, più egli "sente" anche già col corpo che sta cambiando qualcosa e più collabora il cliente nella parte della seduta dedicata all'ipnosi stessa.

1) Significa capire in profondità cosa sia necessario per risolvere i problemi e quali obiettivi dobbiamo decidere insieme al cliente.

2) Significa capire il modo in cui il cliente vede il mondo, capire e usare le sue metafore esempio: "mi sento perso", "mi sento bloccato" , "la mia vita è una prigione"... eccetera.

3) Significa capire il suo modo di muoversi, di esprimersi anche con il corpo in parte per "imitarlo" dandogli una sensazione di "amicizia" e allo stesso tempo per "migliorarlo" dandogli la possibilità di stare meglio.

4) Usare simboli, analogie "pratiche"

Ad esempio - prendo il box dei fazzoletti, ne tolgo alcuni e indicare che il contenuto del problema ha in sé (o dietro) altri problemi...
Se una cliente vuole dimagrire, ma il problema non è il problema stesso (il box dei fazzoletti), bensì tutti i problemi dietro nascosti (un fazzoletto dopo l'altro) ... se si tolgono tutti i fazzoletti poi il box rimane vuoto...

O un bicchiere come esempio di un problema: ci metto su un libro dicendo vedi? Il bicchiere è solo un bicchiere, ma siccome ti vergogni del problema (e qui il libro rappresenta la vergogna) sono già due problemi. Poi aggiungo un cellulare, dicendo: "questi sono i giudizi degli altri..." e via e via fino a che il problema principale (il bicchiere) quasi non si può più vedere, sembra insormontabile... "che ne dici se intanto togliamo questi pesi inutili... e guardiamo il problema senza tutto ciò... come ti sembra?"

5) Ripetere le parole dette più volte dal cliente. Cioè segnare le parole ripetute spesso dal cliente e poi, in un momento successivo, riproporle dicendo: "Se io ti dico la parola X, che effetto ti fa?"

Esempio: una donna mi parlava dei suoi problemi, e fra una frase e l'altra queste frasi: ... che di sera mangiava troppo e senza controllo, ... che di sera era triste, ... che di sera fino a qualche mese fa riusciva a dormire bene ora invece no...

io mi segno le parole che vengono usate
più spesso e a un certo punto avevo questo
risultato: SERA ///////// cioè la parola
sera era stata usata circa 10 volte e allora
quando aveva finito di raccontare le
chiesi: "ora io ho capito che vuoi
dimagrire... ma una domanda...
quando senti la parola SERA cosa
provi?" - qui la cliente ha aperto gli occhi
come se avesse visto Gesù resuscitare e con
le mani sul visto scoppiando in lacrime
disse "oooh come è possibile... ora mi è
tutto chiaro..."
E mi raccontò che da qualche mese il suo
ragazzo era venuto a vivere da lei, perché
nel suo appartamento c'erano lavori in
corso cioè OGNI SERA lei tornando dal
lavoro non aveva più la sua privacy, la
sua pace, i suoi rituali... "lo amo davvero
ma ho proprio capito ora... che ho bisogno
del mio spazio... per questo mi butto sul
cibo..."

Essen ////

Abends ////////

Mutter ///

Partner //

Lista degli obiettivi da raggiungere

Meglio si chiariscono gli obiettivi, meglio è.

Se il cliente dice *"il mio obiettivo è che il mio capo mi rispetti di più"* è ovvio che questo obiettivo è solo raggiungibile se il cliente impara a farsi rispettare (non posso cambiare il modo di fare del capo, ma aiutare il cliente a come rispondere / reagire a quel modo di fare del capo).

Se il cliente dice: da domani vorrei sentirmi più libero, chiarire bene chiedendo:

cosa vuol dire per te essere libero?

cosa cambierebbe nella pratica, cosa faresti diversamente, in quali situazioni te ne accorgeresti?

Se hai un cliente che ti sembra disponibile a venire più volte, o con il quale hai pianificato più sedute, è importante chiarire (fare una lista) per iscritto di obiettivi minori e obiettivi più importanti può aiutare.

- *Entro le ore X del giorno Y riuscire a ...*
  - *Leggere 10 pagine al giorno del libro X*
  - *Dirsi ogni giorno che...*
  - *...*

- *Dimagrire 10 kili entro il giorno X*
  - *Ogni giorno per colazione ....*
  - *Eliminare Alcol*
  - *...*

Nelle sedute successive controllare insieme la lista per capire dove ci sono difficoltà, e migliorare insieme il piano.

Molti terapisti e anche ipnoterapisti usano questo metodo per verificare l'andamento della seduta e per aiutare il cliente a dimostrarsi che sta andando sulla strada giusta:

chiedere al cliente nel colloquio di misurare il problema da 0 a 10.

Esempio: "Da zero a dieci quanto è grave il problema per te ora?"

Questa domanda è importante farla molto all'inizio del colloquio, proprio non appena il cliente ha detto il motivo della sua visita, proprio mentre sta spiegando la sua problematica.

In questo modo il cliente denomina quanto grave sia il problema, mentre poi, tramite tutti i segreti e "trucchi" di pre-ipnotizzazione che ti ho spiegato prima, già nei primi 10 minuti di colloquio il cliente si sente di solito meglio, è più portato a pensare positivamente, incomincia a intravvedere soluzioni e quindi, poco prima di iniziare la parte della trance, già si rende conto di stare meglio e incomincia a credere all'efficacia della seduta di ipnosi.

Esempio: "bene, mi hai raccontato il tuo problema e grazie al colloquio mi sembra che abbiamo capito di cosa avresti bisogno da questa seduta, che ne dici se partiamo con l'ipnosi? "
"Certo"
"Ok, ora metto la musica. Al momento, se pensi al problema che hai portato, da zero a 10, come ti senti?"
"mi sento già molto meglio, direi 5 invece che 8 come ero prima..."
"Bene! Ok, chiudi gli occhi"

Uno schema semplificato della seduta tipica:

Colloquio:
da zero a dieci quanto è grave il problema per te?
Esempio: 8

Cosa vorrebbe dire per te zero?
Esempio: zero paura, zero voglia di fumare...
Far spiegare, immaginare al cliente come sarebbe la vita senza il problema.
Più se la immagina, meglio funziona la seduta.

Trance:

- Induzione di rilassamento (portare da 8 a 7 o 6 o forse già molto meno)
- approfondire la trance (ancora più vicini allo zero) per esempio con non-verbale o ipnosi veloce o con parole
- nella trance poi con una tecnica adeguata (ti spiegherò nei prossimi manuali) far SENTIRE al cliente come sta al meglio (o superare vecchie emozioni, immaginarsi/sentire nuove)

Uscire dalla trance e far sentire che il cliente si è avvicinato il più possibile allo zero.

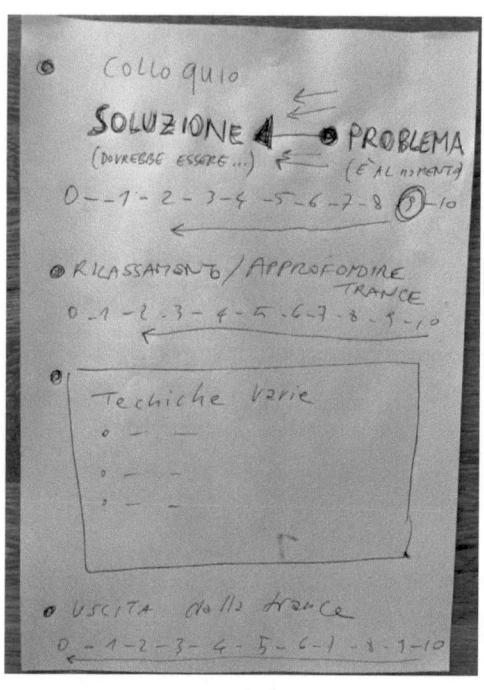

Nel dettaglio:

Fai spiegare al cliente il problema e poi:

- a che punto sei ora, su una scala von 0 a 10?

Per esempio, la paura dei ragni è momentaneamente su una scala da 0 a 10 =8

O la paura di parlare davanti al pubblico è 8

O la voglia di fumare è 8

DOVREBBE ESSERE -------------verso-----------E`

0----1-----2-----3-----4-----5-----6----7-----**8**----9----10

Una delle cose più importanti, se non forse la più importante, e far dire al cliente:

- se il problema fosse a zero, come sarebbe la tua vita? come ti sentiresti?

Oppure:
- dove vuoi arrivare? Cosa vuol dire zero per te?

oppure:

- se tu già fossi arrivato alla soluzione, come staresti oggi?
- Cosa sarebbe diverso nella tua vita?
- Perché la tua vita sarebbe meglio senza questo problema?
- Come ti senteresti senza il problema?

Eccetera...

Cioè "costringere" il cliente a ***descrivere*** la sua vita senza quel particolare problema che ha portato, come se non ci fosse più. Costringerlo a immaginarsela, questa vita quasi perfetta. Aiutare la sua mente a costruire quelle immagini.

Chi ha paura dei ragni farà fatica a descrivere la sua vita senza questa paura, chi fuma farà fatica a descrivere la sua vita senza il fumo eccetera.

Perché noi tutti tendiamo a rimanere nel problema, questo è quello che conosciamo al meglio.

Insomma, dopo aver fatto spiegare al cliente il problema, come *È ORA* la situazione, bisogna portarlo a come *DOVREBBE ESSERE.*

Provate a far descrivere al cliente la *soluzione* al posto del *problema* e vedrete che: la maggior parte fa fatica.
La maggior parte delle persone ritorna al problema.

Esempio: ti puoi immaginare la vita senza il fumo?
Cliente: *difficile immaginarmela... per esempio al lavoro, come posso poi senza fumare... prendermi una pausa?*

Altro esempio: ti puoi immaginare di cambiare lavoro?
Cliente: *si, ma chi mi assicura che guadagno abbastanza? E cosa direbbe mia madre?*

Qui devi capire che: più il cliente si immagina nel colloquio il futuro, la *soluzione*, meglio funziona tutto ciò che poi farai nella trance.

Immagina di essere un venditore di auto, arriva un cliente e ti dice: ho un problema... per andare a quel posto ogni giorno prendo il treno... e il treno ritarda spesso, e non ha orari che vanno bene per me...
(parla del problema) ...

E tu, come venditore di auto gli chiedi: e che *soluzione* si immagina?

Ovviamente il cliente risponderà: se io avessi un'auto potrei stare meglio....

Tu: E che tipo di auto si immagina?

Cliente: vorrei un'auto che va bene per i miei viaggi ma che sia abbastanza grande per la famiglia....

Tu: avremmo il modello x o y, quale preferisce e quale colore?

Insomma, come venditore di auto andresti sempre più nel dettaglio fino a vendere al cliente l'auto da lui immaginata. Lo aiuti solo a trovare il modello esatto.

Il cliente viene cioè con un problema pratico e grazie a te trova una soluzione pratica.

Ma nell'ipnosi, nel lavoro come terapeuta, le persone che vengono da te vengono con problemi emozionali e quindi fanno fatica a diventare pratici. Nella pratica, per smettere di fumare basta buttare via le sigarette. Ma mille emozioni dicono di no: impossibile!

Immagina di essere il venditore di auto e il cliente ti dice: *Ho questo problema... un'auto mi aiuterebbe, ma ce la faccio poi? E forse non so neanche guidare bene, e se poi faccio un incidente? Mio padre diceva sempre che non so guidare...*

Cioè tu sai che il cliente potrebbe smettere di fumare o stare meglio ma nella sua testa ci sono mille *forse, però, ma se poi...*

Quindi: prima superi questi ostacoli, meglio è. O meglio, più li superi nel dettaglio, meglio è.

A volte non si può superare tutto in un colpo. Allora si fa una seduta solo su UNO dei *forse* o dei *ma.*

Una volta ho avuto una completa seduta SOLO su aiutare la persona a immaginarsi: come posso dire al mio capo che posso prendermi una pausa ANCHE SENZA FUMARE?

- Una volta superati questi ostacoli, o meglio una volta immaginata la soluzione di uno o di tutti gli ostacoli,

puoi poi far dire al cliente:
a che punto sei ora, su una scala von 0 a 10?

Per esempio, la paura dei ragni è
momentaneamente su una scala da 0 a 10 =7

O la paura di parlare davanti al pubblico è 7

O la voglia di fumare è 7 eccetera

DOVREBBE ESSERE -------------verso-----------E`

0----1-----2-----3-----4-----5-----6----**7**----8----9----10

- Qui poi, passando dal colloquio alla
  TRANCE, con delle induzioni di
  rilassamento il cliente magari già va da
  7 a 6,

qui si approfondisce la trance e quindi anche
il rilassamento e il cliente magari già va da 6 a
4,

- e poi entrando nel tema (durante la trance) con tecniche di ipnosi varie (qui ti spiegherò in altri volumi quali tecniche) il problema va da 4 sempre più verso la soluzione (da *È* al *DOVREBBE ESSERE*)

0----**1**-----2-----3-----4-----5-----6----7----8----9----10
(Paura Zero-------------------------------------Paura 10)

Il modo in cui il cliente descrive il mondo

Ogni seduta di ipnosi è basata su simboli, convenzioni, metafore che usa il cliente e che noi integriamo / trasformiamo... sono metafore che noi usiamo per aiutare il cliente, aldilà che siano simboli verbali o gesti o sguardi. In ogni colloquio cioè puoi usare delle metafore per portare il cliente (durante la conversazione) in trance. Si usano esempi semplici per spiegare cose complicate.

Se il cliente racconta vicissitudini drammatiche già il chiedere "cosa senti nel corpo mentre stai raccontando queste cose?" -> è un chiedere di semplificare uno stato d'animo mentale complicato portandolo a uno stato corporeo, per esempio se la risposta è: "come un nodo alla gola" si può rimanere come dicevamo prima su questa metafora (da quando lo senti? Ti ricorda qualcos'altro? Quanto stringe?)

Anche per chi tende a non raccontare molto di sé, o per chi dice "non so esattamente da dove arriva il mio problema" il chiedere una metafora può aiutare a superare questo problema: "anche se non sai da dove arriva il problema, cosa senti nel tuo corpo parlandone?"

Altre possibilità: "se tu dovessi descrivere con un quadro, un dipinto il problema... o la soluzione, cosa diresti?"

Lo si fa per portare il cliente più velocemente verso una comprensione della situazione.

A volte la metafora apre subito la porta dell'emozione e il cliente incomincia a piangere e finalmente il nodo incomincia a sciogliersi. Questo avviene perché il nostro cervello tende a complicare le cose per non farci soffrire, ma trovato un *simbolo*, un qualcosa che spiega in una parola o un segnale una emozione, arriviamo al dunque oltrepassando barriere mentali. Un bambino che piange in un manifesto o in film ci ricorda immediatamente e emozioni a noi conosciute.

Allo stesso modo, se il cliente non trova simboli, possiamo "offrirne" qualcuno e vedere la reazione: "senti più come un nodo in gola o è come un pianto che fatica a uscire?" ... "se pensi a questo problema, diresti che ricorda più a un paesaggio invernale o penseresti più a una notte di tempesta... o alla eruzione di un vulcano?"

Uso della spirale infinita

A colte mi capitano clienti che incominciano a raccontare e non smettono più. Se sono stanco, se la giornata è stata pesante, se ho dormito poco, questo loro modo di parlare è ipnotico nel senso che ad un certo punto faccio fatica a seguire e incomincio a lasciarmi andare e se non stessi attento potrei entrare in un sonno profondo. Questo tipo di persona non sta cercando di ipnotizzarmi, è il suo modo di vivere, si auto-ipnotizza in una spirale di – generalmente – negatività e complessità del pensiero, che non porta a soluzioni.

Volevo raccontarle del mio problema con l'eredità che ho ricevuto da mio padre. Non è stata una gran bella cosa. Sono partita il 24 Febbraio no scusi il 23 ... era mattina, e devo dire che avrei preferito andare nella mia casa in campagna. A 10 kilometri da qui. Invece mio fratello,... Quando ero a casa di mio

fratello Stefano, ...beh lui ha dei problemi. Mi
accompagnava il mio altro fratello Luca. Luca
Mi ricorda il padre del mio migliore amico
Giovanni, che ho conosciuto a scuola. La
maestra, come si chiamava ah sì, la signora
Marchi, beh lei era una persona che mi dava
problemi, ...

Qui ovviamente ho un po' esagerato per farvi
capire cosa intendo, se uno parla così c'è da
chiedersi se non sia già una situazione
psicotica....
Ma possiamo "imparare" e trasformare noi
stessi questo modo di parlare in una tecnica,
nel senso che incominciamo a raccontare al
cliente delle cose come se volessimo arrivare a
qualcosa, ma non ci arriviamo, sembra si
racconti senza fine, è come sentire una lunga
preghiera che si ripete all'infinito...
Questa tecnica viene spesso anche usata
nell'ipnosi da palco.

Quando vediamo su un libro questo modo di raccontare, generalmente tendiamo a saltarle o a odiare quei passaggi, a meno che siano proprio quello che cerchiamo: interminabili descrizioni di paesaggi, o la lunga lista di persone con nomi e cognomi e la loro provenienza...

La nostra mente cerca di capire, ma non trovando una fine o una logica soluzione, si perde. Esempio di una introduzione di un ipnotista da palco:

E mentre senti la mia voce... un certo rilassamento sembra farsi strada... forse te ne rendi conto e ti porta oltre... la lunga strada del rilassamento, ti ricorda forse quelle interminabili, bellissime giornate di una vacanza da bambino... o forse altro... come una musica che si sente in un paese straniero quando vai col taxi, la musica alta e non capisci le parole, a volte è bello non dover capire tutto... lasciarsi andare al suono di una lingua

straniera... e forse decidere di aggiustare la tua
posizione per rilassarti ancora di più...

Nel colloquio, stessa cosa ma più "nascosto":

*"Mentre ascoltavo di come mi raccontavi del
tuo problema mi sono sentito proprio riportare
a certi momenti... da bambino...mi sembra
proprio di vederlo, quel bambino. Hai descritto
molto bene, grazie davvero per la tua fiducia.
Ora mi piacerebbe non affaticare troppo quel
bambino bensì dargli una sensazione piacevole,
che ne dici...? se vuoi puoi immaginarti che,
ascoltando poi dopo... quando ti chiederò di
chiudere gli occhi... e partiremo con una ipnosi
rilassante... quando avrai gli occhi chiusi, fra
poco e sentirai la mia voce... un certo
rilassamento sembrerà forse farsi strada... forse
te ne rendi già conto ora e ti porta oltre... la
lunga strada del rilassamento, poi con gli occhi
chiusi ti ricorderà forse quelle interminabili,
bellissime giornate di una vacanza da
bambino... o forse mentre ancora ascolti, altro*

in te si smuove... ti va bene se metto un po' di musica?"

Si potrebbe dire che questo tipo di ipnosi è più *materno*, nel senso che ricorda una madre che vuole addormentare il bambino. Un metodo dolce, indiretto. Che usa molti dettagli.

Mentre poi dopo, una volta manifestata la trance nel cliente, si può essere più *paterni*, più direttivi ("dormi ora").

Ovviamente sto parlando qui, dicendo materno o paterno, di stereotipi e me ne scuso. Ma tanto per farvi capire.

Un bravo ipnotizzatore deve sapere scegliere bene quando usare un metodo più diretto e quando meno, di solito si alternano questi approcci continuamente, si mescolano, dando l'impressione al cliente di non aver motivi di ribellarsi alla trance (approccio *materno*

rilassante: "se vuoi, puoi forse sentire che....")
ma allo stesso tempo di essere seguito
dall'ipnotizzatore che sa bene di cosa hai
bisogno e ti porta proprio lì (approccio
paterno: " ...perché sei stato ben chiaro a
deciderti oggi di voler smettere di fumare, si...
sono certo che è una ottima scelta, oggi è il
giorno giusto ed ora vai, sei al sicuro nella tua
decisione, quando vai, quando ti chiederò di
chiudere gli occhi, più in profondità...").

Uso dei comandi incorporati

Nel colloquio puoi dare dei comandi ipnotici nascosti, (ricordati: NON PER MANIPOLARE in senso negativo, ma per AIUTARE la persona a entrare in trance!) come, ad esempio, dicendo le parole qui in neretto in tono più basso / più lento (ma senza esagerare, deve sembrare assolutamente normale):

Non so bene se preferisci
rilassarti così
o in altro modo, sederti magari più
comodamente.

Uso dell'imperativo e delle pause: invece di dire "quando poi ti chiederò di chiudere gli occhi... puoi andare in trance" si può dire:

puoi (imperativo! pausa) entrare (pausa) in trance
oppure

puoi (imperativo! pausa) *entra* (pausa) in trance

Sono modi di comunicare che portano il cliente a essere confuso, e la confusione provoca trance.

Se io dico
quando poi ti chiederò di chiudere gli occhi...
puoi andare in trance... (e qui non solo non uso un punto, cioè parlo come se dovessi aggiungere altro - ma non lo aggiungo, bensì intono la parola **trance** in salita come se stessi

chiedendo se *può andare in traNCE?*)
il cliente si chiede:

l'ipnotista mi sta chiedendo di entrare in
trance o me lo sta comandando?

L'idea di base è quella di fornire una serie di ambiguità che provocano confusione nella mente, ma allo stesso tempo la aiutano a andare nella direzione desiderata. Cioè all'interno delle ambiguità si nascondono i comandi e questi comandi a loro volta, quando li metti in una frase più grande, diventano *incorporati*.

Ad esempio, se dico:

Se dovessi chiudere gli occhi potresti rilassarti più facilmente

Se hai detto la parte *chiudere gli occhi* un po ' diverso rispetto al resto, sia come un comando e con una piccola pausa dopo di esso, sarebbe preso come un comando.

Se dovessi chiudere gli occhi (!) (pausa) potresti trovare più facile rilassarti.

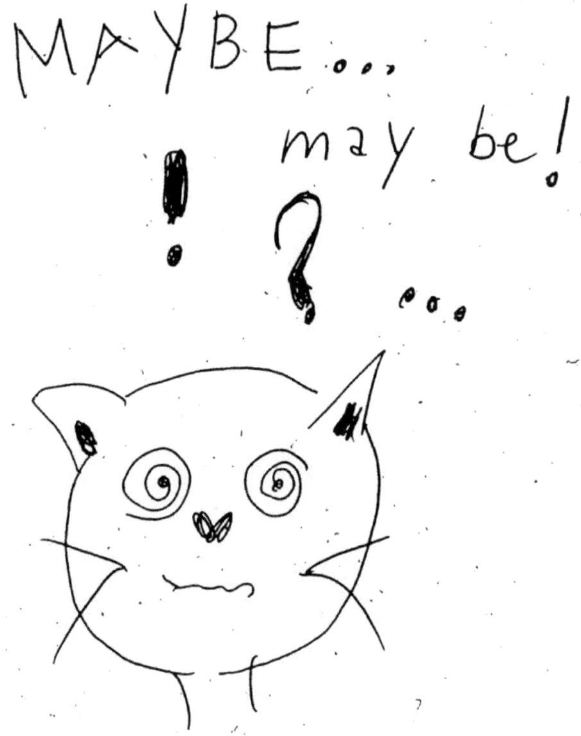
MAYBE...
may be!
! ? ...

Se il cliente sembra resistere, non dare l'impressione che sia qualcosa di negativo. **Non sforzare mai la trance.**
Il cliente vuole soprattutto avere l'impressione di avere qualcuno di fronte che davvero si interessa della sua persona.

Accettare le resistenze significa abbassarle, perché nel momento in cui il cliente si sente accettato, si rilassa.
Se io dico: "capisco assolutamente che si possa aver paura dell'ipnosi, visti i video che si vedono in giro", o "capisco che dopo aver vissuto tali situazioni sia forse difficile potersi lasciar andare" ... porta il cliente a pensare "beh, allora se mi capisce non mi costringerà".

Yes-Set

Yes-Set è un modo di lavorare col cliente che crea nella mente del cliente una situazione favorevole all'andare in trance.

Dire alcune cose, nel colloquio, che sono scontate, ovvie, ma positive per il cliente, che creino una situazione di fiducia, cioè che portino il cliente a pensare "si, ha ragione".

Cioè se noi diciamo al cliente: "Ora lei si rilasserà subito e così diventerà un non-fumatore" … egli potrebbe pensare "mah... rilassato non sono... e smettere di fumare, ... chissà se funziona..."

Se invece racconto:
"Se ho capito bene, lei è qui per smettere di fumare..." (nella mente del cliente egli risponde "si, giusto")

"...e immagino sia una decisione difficile o che comunque non le sembra facile" ("si") "ma avrà sicuramente pensato tanto prima di venire qui" ("si")

"e vorrebbe che io la aiuto a superare quell'ultima barriera" ("si")

...una volta usate queste frasi scontate ma positive (nel senso che il cliente pensa "si, giusto") posso pilotare il cliente a una comunicazione più "intima":

"...ma prima di incominciare, per lei andrebbe bene se le do del "tu"?" (risposta: "si certo") ...

...e già, da un rapporto cliente-terapeuta siamo scesi a un livello di "amicizia", di compagni di avventura, di: "ci capiamo noi".

Se poi aggiungo "e hai dunque deciso che hai bisogno del mio aiuto per smettere di fumare, ne sei ancora convinto?"

Egli non può che rispondere di sì perché:

- è vero che hai deciso di aver bisogno del mio aiuto – visto che da solo non ce a fa - e quindi SÌ
- per smettere di fumare GIUSTO

  l' ultima domanda la risponde automaticamente SÌ anche se è ancora insicuro:
- ne sei ancora convinto?

E, anche se il cliente non fosse al 100% convinto, comunque l'ultima domanda rafforza inconsciamente che: è vero che io lo aiuto, ma senza la sua decisione non è possibile riuscire. Quindi lo "costringo" a dirsi "sì, sono deciso"

Usando più spesso questa tecnica, del creare un setting positivo nella mente del cliente, più sarà facile poi approfondire la trance.

Non serve a nulla fare una buona conversazione ipnotica se non osservi i segnali che indicano la trance nel soggetto.

Osserva sempre il viso e il corpo del cliente: a volte questi segnali sono quasi invisibili, sono micro-espressioni... ma se ci stai attento diventi un esperto.

Ottimi segnali sono quando:

- le palpebre si chiudono e riaprono più volte nel giro di qualche secondo o
- se gli occhi al contrario ingrandirsi e sembrano "fissare" nel vuoto...
- o se gli occhi sono rossi o lacrimosi

- il cliente respira profondamente o cambia intensità di respiro

- spasmi, contrazioni muscolari improvvise (per esempio se chiedo: "come va col marito?" e la signora dice "benissimo" ma col la gamba ha un riflesso, una contrazione come se desse un calcio, allora qui c'è qualcosa di "nascosto" che si sta manifestando – il cliente sta accingendo al suo subconscio)

- la testa tende ad andare verso di te o molto all'indietro o ciondola a destra e a sinistra come se si stesse addormentando

- risposte più lente o poco comprensibili alle tue domande

Quando questi segnali si moltiplicano, è possibile, se volete, passare alla parte della trance.

Vuoi prima andare in bagno?

Importante, anche se suona strano, chiedere al cliente (prima di passare alla parte della TRANCE) se vuole prima andare in bagno.

- magari in bagno gli viene in mente qualcosa, che aveva dimenticato di dire
- magari si rende conto di stare già molto meglio
- oppure si rende conto di doversi più focalizzare su un tema piuttosto che un altro
- e non rischia di dover andare durante la trance in bagno.

Sappi che se lavori in modo molto "energetico" cioè anche utilizzando il corpo (non solo le parole, quindi se utilizzi elementi di Mesmerismo, ipnosi non-verbale, Reiki eccetera) il cliente di solito sente il bisogno di andare in bagno un paio di volte durante la seduta. Ricordati di ripetere, prima della

*trance e anche durante i primi minuti della
trance, che il cliente può interrompere in
qualsiasi momento la trance se vuole andare in
bagno.*

Indice: